구루시마 타케히코 평전
일본의 안데르센이라고 불린 한 남자의 이야기

구루시마 타케히코 평전
일본의 안데르센이라고 불린 한 남자의 이야기

초판 1쇄 발행 2025년 11월 11일

지은이 김성연
펴낸이 장길수
펴낸곳 지식과감성#
출판등록 제2012-000081호

교정 정은솔
디자인 강샛별
편집 윤혜성
검수 김지원, 윤혜성
마케팅 김윤길

주소 서울시 금천구 벚꽃로298 대륭포스트타워6차 1212호
전화 070-4651-3730~4
팩스 070-4325-7006
이메일 ksbookup@naver.com
홈페이지 www.knsbookup.com

ISBN 979-11-392-2906-6(93910)
값 17,000원

• 이 책의 판권은 지은이에게 있습니다.
• 이 책 내용의 전부 또는 일부를 재사용하려면 반드시 지은이의 서면 동의를 받아야 합니다.
• 잘못된 책은 구입하신 곳에서 바꾸어 드립니다.

지식과감성#
홈페이지 바로가기

구루시마 타케히코 평전
일본의 안데르센이라고 불린 한 남자의 이야기

김성연 지음

타케히코, 1934년

목차

서문　_ 6

제1장　도노마치 1번지 저택의 도련님　_ 13
제2장　가슴에 품은 신념 하나　_ 29
제3장　오노에 신베의 탄생　_ 45
제4장　동화구연회와 아동연극의 시작　_ 61
제5장　아동문화의 씨앗을 뿌리자　_ 79
제6장　세계 일주　_ 93
제7장　사와라비 유치원　_ 105
제8장　미국　_ 119
제9장　만주, 대만, 그리고 조선으로　_ 133
제10장　유럽으로　_ 147
제11장　일본에도 보이스카우트를!　_ 157
제12장　안데르센을 일본에!　_ 173
제13장　토모가키　_ 187
제14장　내가 침묵하면 돌들이 소리 지르리라　_ 199
제15장　그 발자국 위에 피어난 꽃　_ 213

구루시마 타케히코 연표　_ 231
참고문헌　_ 242

서문

한국에서 나고 자란 내가 '구루시마 타케히코(久留島武彦)'라는 이름을 처음 알게 된 것은 2004년 6월의 일이다. 당시 규슈대학(九州大学) 정문 앞에서 우연히 마주친 하나다 토시노리(花田俊典) 교수님이 돌아가시기 전에 내게 건네주신 책이 구루시마 타케히코 추모집과 동화집이었다. 하나다 교수님이 심근경색으로 갑자기 돌아가신 뒤 나는 '구루시마 타케히코'가 은사님이 내게 남겨 주신 마지막 숙제라는 생각이 들어 그에 대해 조사하기 시작했다.

구루시마 타케히코는 '일본의 안데르센'이라 불린 아동 교육자로, 메이지(明治), 다이쇼(大正), 쇼와(昭和)로 천황이 세 번이나 바뀌는 60년 세월 동안 '서로 믿기', '서로 돕기', '서로의 다름을 인정하기'라는 교육 모토를 아이들과 사회에 알리려 생애의 모든 시간을 바친 사람이다. 특히 이런 '다른 사람과 더불어 살아가기'의 가르침을 재미있는 동화로 아이들에게 알려 주고 들려 준 아동문학가이자 동화구연가이기도 하다.

그는 '일본 최대의 해적'이라고 평가받는 무라카미(村上) 해적의 일파인 구루시마 가문에서 1874년에 태어났으며 분고모리번(豊後森藩)의 9대 영주(通容)의 손자다. 구루시마 타케히코가 태어나 유년기를 보낸 오이타현 구스마치(大分県玖珠町)는 수려한 자연이 유명한 곳으로 그는 이곳에서 소나 돼지를 키우는 목축업을 장래희망으로 꿈꾸던 소년이었다. 그러나 이후 오이타 중학교에 진학한 뒤 영어교사 웬라이트를 만나며 전혀 다른 인생길로 들어서게 된다.

당시 지방의 중학교로는 드물게 미국에서 영어 교사로 초빙되어 온 사뮤엘 헤이만 웬라이트는 이 오이타 중학교에서 영어를 가르치게 되었는데 하루는 아끼던 타케히코에게 질문을 하게 된다.

"마이 보이, 당신은 꿈이 뭔가요?"

그러자 평소 목축업으로 성공하고 싶다는 꿈을 가지고 있던 소년 타케히코가 큰 소리로 대답한다.

"선생님, 저는 소를 키울 생각이에요. 돼지도 키울 거예요. 제 꿈은 목축업입니다."

이때 선생님 웬라이트의 대답이 그의 인생을 뒤바꾸었다.

"마이 보이, 아주 훌륭한 꿈을 가지고 있군요. 그렇지만 타케히코는 소나 돼지가 아니라 사람을 키우는 사람이 되어 주세요."

사람을 키우는 사람.

파란 눈의 미국인 선생님이 알려 준 사람을 키우는 사람. 갑자기 타케히코의 가슴속에 구름 같은 것이 둥둥 떠오르는 느낌이 들었다. 사람을 키우는 사람. 후일에 구루시마 타케히코는 이날의 장면을 회고하며 자신의 아동교육의 꿈이 바로 그 자리에서 시작되었다고 말한다. 교육가 구루시마 타케히코가 탄생하는 순간이었다. 이후 구루시마 타케히코는 동화구연을 주된 수단으로 아동교육을 실천해 나가게 된다. 그러나 당시로는 '아동'이라는 개념 자체가 일반적이지 못했고 특히 '동화'에 대한 개념은 더욱 생경해 그저 할머니나 어머니들의 입을 통해 전해지는 옛날이야기 수준을 넘지 못했다. 무엇보다 동화책을 사서 읽는다는 생각 자체가 흔하지 못했다. 그때 떠오른 생각, 아! 입으로 전해 주자!

책을 사려면 돈이 든다. 하지만 아이들의 마음을 키울 수 있는 이야기를 입으로 전해 준다면 돌담에서도 산기슭에서도 바닷가에서도, 아이들이 있는 곳이라면 언제 어디서든 재미있게 이야기를 들려줄 수 있다고 생각한 것이다. 구루시마 타케히코의 동화구연을 통한 아동교육은 그렇게 시작되었다.

먼저 1903년 요코하마(橫浜)에서 일본 최초로 아이들을 대상으로 한 동화구연회를 개최한 이후 동화구락부(お伽俱樂部)라는 아동문화단체를 만들어 정기공연을 하면서 전국 각지에 동화구락부의 지부를 조직하고 동화구연 활동을 대중화시킨다. 이런 활동을 통해 구루시마 타케히코는 점차 동화와 동화구연이 아이들의 삶에 어떤 변화를 가져오는지 더 깊게 깨닫게 되는데, 이후

"아이들에게 있어서 이야기란 단순한 놀이 수단이 아니라 그들이 자신에게 놓인 환경을 해석하고 공감하며, 충분히 사색하고 연구하기 위한 진검승부의 재료인 것이다."라고 단언하기에 이른다. 1900년대 초 아동교육의 불모 시대에 이미 '동화'를 아이들의 인격을 향상시키는 중요한 도구의 하나로 생각한 것이다.

구루시마 타케히코는 이렇게 동화구연 활동을 이어 가는 한편, 전문 성인 배우들이 아이들을 위해서 연기하는 아동극단을 일본 최초로 결성하여 아동연극의 대중화에도 이바지했다. 또한 '서로 의지하며 서로 도와가는 공존 공생의 정신'을 옛날이야기에 빗대어 '모모타로주의(桃太郎主義)'라고 표현하며 정서 교육에 중점을 둔 사와라비(早蕨) 유치원을 도쿄(東京)에 개원, 35년간 유아 교육에 종사했다. 이 외에도 적극적으로 해외로 나가 견문을 넓히기 위해 노력했으며 일본에 보이스카우트를 소개하고 보이스카우트 일본연맹이 조직될 때까지 다양한 활동을 보여 주었다. 특히 놀랍게도 일본 부대표 자격으로 보이스카우트 국제 대회에 참석해 덴마크에 갔을 때는 유창한 영어로 안데르센의 위대함을 덴마크 신문 매체에 호소하여 안데르센 박물관이 덴마크 최초로 건설되는 계기를 만들기도 했다. 이후 일본에 귀국한 뒤에는 일본 최초로 안데르센 기념 축제를 전국에서 개최하여 덴마크 국왕으로부터 문화 훈장까지 받게 된다.

구루시마 타케히코는 동화구연 의뢰를 받으면 어디라도 갔다. 말을 타고, 자전거를 타고, 버스나 기차, 때로는 넘실거리는 파도를 뚫고 바다를 건너가기도 했다. 이때 청중인 아이들의 규모가 몇 명인지는 중요하지 않았다. 한번은 열 명 남짓한 아이들이 기다린다는 말을 듣고 작은 나룻배를 타고 섬으로 들어간 적도 있었다. 그렇게 방문한 학교가 무려 6천 곳이 넘으며 일본열도에 그의 발이 닿지 않은 곳이 없다고 할 정도로 그의 동화구연 활동은 그가 세상을 뜨기 2개월 전까지 쉬지 않고 이어졌다. 이런 그의 열정은 아이들에게도 그대로 전해져 구루시마 타케히코 동화활동 50주년을 기념해 그의 고향 구스마치에 높이 7m가 넘는 동화비석이 건립되었을 때에는 그의 동화를 들은 전국 각지의 아이들이 작은 돌에 자신의 이름과 꿈을 붓으로 적어 보냈는데 그 수가 무려 4만 개에 이르렀다.

60년간 아이들을 위해 '이야기 할아버지'로 살다 간 구루시마 타케히코.

이 책은 오자키 코요(尾崎紅葉, 〈장한몽〉의 원작가), 이와야 사자나미(巖谷小波, 아동문학가), 고토 신페이(後藤新平, 정치인), 가쓰 카이슈(勝海舟, 일본 해군의 기초를 만든 정치인), 노무라 토쿠시치(野村德七, 노무라은행의 설립자), 노기 마레스케(乃木希典, 육군 군인), 오카모토 타로(岡本太郎, 예술가), 베니토 무솔리니(이탈리아의 정치인) 등 세계 근대사에 이름을 남긴 여러 분야의 유명인들과의 만남을 중심으로 구루시마 타케히코가 어떤 인생을 살다 갔는지를 저자가 발굴한 자료에 근거하여 엮은 것이다. 이 책을 통해서 '구루시마 타케히코'라는 이름과 그의 발자취가 조금이나마 알려지기를 바란다.

2025년 11월
동화의 마을 구스에서
김성연

제1장

도노마치 1번지 저택의 도련님

1881년 12월.

"타케히코 도련님! 갑니다아~"

쓰타로(津太郎)가 힘껏 던진 눈덩이가 저택의 창가에 닿았다. 타케히코는 우두커니 서서 그 창문을 바라보았다.

'아버님 방이다……'

아버지는 늘 누워만 계신다. 아버지와 함께 놀아 본 기억이 없다. 아버지의 방에는 들어가서도 안 된다. 방에서 나온 아버지를 본 기억도 없다.

비록 조선에서 이순신이라는 장군한테 목이 베였다지만 가문의 먼먼 조상님은 일본에서 제일 유명한 해적이었다는데, 타케히코는 바다를 본 적도 없다. 작은 분지마을, 그 안에서도 모리(森, 숲이라는 뜻)라는 마을에서만 자랐다. 사방은 온통 나무와 숲이다.

'아버지랑 한번 놀아 봤으면……'

어린 마음에 잠시 동짓날의 눈바람이 휘잉 지나가는 느낌. 그러나 타케히코는 이내 고개를 들어 마음속 그늘을 떨쳐 버린다. 그리고는 아무렇지 않은 듯 눈 한 덩이를 집어 쓰타로를 향해 달린다.

"이번엔 내 차례다~"

타케히코의 조상은 일본 해상 병력의 기원인 세토나이카이(瀨戶內海)를 거점으로 한 무라카미(村上) 수군의 일족인 구루시마 씨(久留島氏)다. 당시 이들 일족은 세키가하라(関ヶ原) 전쟁에서 모리 테루모토(毛利輝元)와 함께 서군(西軍)의 이시다 미쓰나리(石田三成)에 협력해 이요(伊予)에서 아카시(明石) 해협을 지나 진격, 에도(江戶)에서 오바리(尾張)를 거쳐 세키가하라로 내려오던 도쿠가와(德川) 군의 해상 유송 경로를 차단시키는 데 성공했다. 그러나 기쁨도 잠시, 서군이 전쟁에서 패하자 오랜 세월 통치해 온 이요의 영토를 몰수당하고 바다가 없는 작은 분지 마을인 분고노쿠니모리(豊後国森), 즉 현재의 오이타현 구스마치(大分県玖珠町)로 옮겨졌다. 그 뒤 2대 영주 때부터 이 지역에 오래 머물겠다는 뜻을 담아 성을 '구루시마(来島)'에서 지금의 '구루시마(久留島)'로 바꾸고 만 2천5백 석의 작은 영주로 변모해 막부 시대의 종말까지 존속했다.

타케히코의 아버지인 구루시마 미치히로(通寬)는 모리번의 10

대 영주 미치아키(通明)의 동생으로 어린 시절에는 엔지로(演次郎)라고 불렸다. 미치히로가 16세 때 형 미치아키가 건강이 나빠져서 영주의 자리를 동생인 미치히로에게 물려주려고 했으나 미치히로 역시 어릴 때부터 몸이 허약해서 결국은 9대 영주의 남동생인 미치타네(通胤)가 11대 영주가 되었다. 그리고 미치타네의 아들인 미치야스(通靖)가 마지막 12대 영주가 된다.

그 후 1871년 메이지 유신으로 일본이 근대화 정책을 추진하면서 실시한 '폐번치현'(번을 폐지하고 중앙정부가 통제하는 부와 현으로 일원화한 행정 개혁) 정책으로 구루시마 가문은 모두 도쿄(東京)로 이주했으나 미치히로는 요양을 위해 1873년 모리 마치로 돌아왔다. 그리고 1년 뒤 타케히코가 태어났다. 타케히코의 어머니는 분고노쿠니 나카쓰번(豊後国中津藩)의 나카가네 오쿠다이라(中金奧平) 집안 출신으로 이름은 에키(惠喜)라고 했다. 어머니 에키는 타케히코를 낳고 이후 세 살 터울의 테루(テル)를 낳았다. 타케히코의 여동생이다.

1874년(메이지 7년) 6월 19일 금요일. 분고노쿠니모리의 대저택에선 '으아앙' 커다란 아기 울음소리가 터져 나왔다. 첫아들이 10년 전에 요절한 뒤 태어난 귀한 아들이었다. 구루시마 타케히코(久留島武彦).

이해에 도쿄에서는 처음으로 버터와 단팥빵이 판매되었다. 그렇게 메이지 시대를 맞아 일본 전역은 서양 문물을 받아들이며 급속도로 근대화가 진행되었지만 산속 깊은 작은 마을은 여전히 에도 시대의 깊고 무거운 색을 입고 있었다.

당시 마을 사람들은 타케히코를 '도노마치 1번지 저택의 도련님'이라고 불렀는데 특히 성품이 순해서 떼를 쓰거나 고집을 부리는 일도 없이 누구에게나 큰 목소리로 인사를 하는 밝은 아이였다. 이 저택의 도련님에게는 다케다 쓰타로(竹田津太郎)라는 친구가 있었는데 둘은 6살 때부터 함께 온 집 안과 마을을 휩쓸고 다니며 온갖 놀이를 하고 지냈다. 특히 타케우마(竹馬, 발판을 댄 대나무를 타고 노는 전통놀이)를 즐겼는데 이 놀이는 사실 도쿄에서는 1878년 2월부터 통행에 방해가 되는 위험한 행위라 하여 금지된 놀이였다. 그러나 메이지의 도시에서 멀리 떨어진 산골 마을의 두 꼬마에겐 그런 금지 따위는 머나먼 남의 나라 얘기. 하루가 멀다고 대나무 발판을 끌고 타고 하루해가 모자랄 지경이었다. 둘은 전쟁놀이도 즐겼는데 무장의 집안 자손답게 타케히코의 놀이는 매 순간 진지하고 즐거웠다.

그렇게 한참 뛰놀다 땀이 오르면 이번에는 전쟁 중 대활약을 펼친 무장들의 이야기를 옮겨 놓은 '이야기 그림집'을 보고 놀았는데 당시 타케히코가 읽었던 책들은 구스노키 마사시게(楠木正成, 가마쿠라 시대의 무장)나 아시카가 타카우지(足利尊氏, 가마쿠라 시대의 무장) 등의 영웅담이었다.

넓은 저택 안에서는 여동생 테루와 곧잘 숨바꼭질을 하곤 했다. 통통하고 몸집이 큰 테루는 타케히코보다 기운이 셌다. 그러다 동생의 짓궂은 장난에 몰리게 되면, "어머니, 테루가 괴롭힙니다! 테루가 괴롭힙니다!" 소리치며 도망 다니는 타케히코의 목소리가 쩌렁쩌렁 저택 안에 울려 퍼지곤 했다.

"댁도 들었수?"
"듣고말고요. 어찌나 재미있던지~"
하루는 마을의 사찰인 조카쿠지(成覚寺)에서 한 승려를 불러와 5일 연속으로 저녁 법회를 열었는데 그의 법문이 재미있다고 소문이 났다. 조용한 산골 마을이 온통 그 이야기로 들끓었다. 9살이 된 타케히코도 유모의 손을 잡고 밤길을 나섰다. 태어나 처음 하는 밤 외출에 작은 가슴이 콩닥콩닥 몽글몽글 두근두근. 어린 타케히코는 애써 뛰는 심장을 누르듯 후- 하고 낮은 호흡을 뱉어 보았다.

사찰에 도착하니 불단 앞에 높게 만들어진 고좌(高座)에 소문의 그 승려가 앉아 있었다. 승려의 이름은 고시카 토시미쓰. 사람들이 어느 정도 모이자 그는 먼저 니치렌(日蓮, 가마쿠라 시대의 불교승)의 일대기를 구성진 목소리로 풀어 놓기 시작했다. 그리고 이어진 가토 키요마사(加藤清正, 에도 시대의 무장)의 신앙 이야기. 그렇게 이야기가 무르익어 점점 최고조에 다다르자 갑자기 승려가 북을 치기 시작했다.

'둥둥둥둥 둥둥둥둥'

"나무묘호렌교."

천지를 울리는 듯한 북소리와 염불 소리가 한참 이어졌다. 후끈 달아오른 법당의 열기가 마치 소용돌이처럼 타케히코의 작은 몸과 영혼을 삼켜 버렸다. 처음으로 경험하는 놀라운 일이었다. 집으로 돌아와 어떻게 잠들었는지도 모르게 아침이 밝았다. 타케히코는 오늘 저녁에도 이어질 법회를 가기 위해 벌써부터 어머니를 조르기 시작했다.

"어머니 한 번만 더요, 한 번만 더 허락해 주세요."

결국 저녁이 다 되어 어머니를 조르고 유모를 재촉해 일찌감치 법당에 도착한 타케히코는 고좌(高座) 맨 앞에 자리를 잡고 앉아 승려를 기다렸다. 두 번째 밤의 법회도 역시 이야기와 북소리로 가득 찼다. 특히 높은 고좌(高座) 위에 앉아 울고 웃고 신명을 내다, 낙담하고 다시 노랫가락처럼 구성지게 이야기를 이어 가는 승려의 모습은 어린 타케히코에게 신비로운 느낌마저 주었다.

그렇게 법문을 들으며 느낀 감동과 흥분은 집으로 돌아온 뒤에도 좀처럼 사라지지 않아 밥상 앞에 앉아도 북소리가 귀에서 떠나지 않았다. 그러다 어느 날은 젓가락을 손에 쥐고 승려의 흉내를 내며 밥상 모서리를 북처럼 쳐 보기도 했다.

'톡톡 툭툭'

"무슨 짓이냐, 타케히코! 무사의 가문에 태어난 사무라이가 밥상을 젓가락으로 치다니, 이런 예의에 어긋나는 짓을 내 여태껏 한 번도 본 적이 없다."

순간 날아오는 어머니의 불호령. 지금까지 들어 본 적 없는 어머니의 무서운 목소리가 들려왔다. 그러나 따끔하게 혼쭐이 나고도 그 이튿 밤의 법문과 북소리 그리고 승려로부터 듣던 재미있는 '이야기'는 내내 잊히지 않고 마르지 않는 샘물처럼 계속 몽글몽글 생각이 나는 것이었다. 그렇게 며칠이 지난 어느 날, 타케히코는 테루를 앞에 앉혀 두고 승려의 흉내를 내며 '이야기'를 하기 시작했다. 달빛이 교교하던 그날 밤의 승려를 떠올리며 한껏 고조되었다가 다시 호흡을 가다듬더니 이내 우르릉 천둥 같은 소리를 내기도 하고 앳된 동물의 울음을 흉내 내는가 하면 길가 어느 무사의 위험한 순간을 그려 내는 등 어린 타케히코는 들었던 이야기를 제법 비슷한 목소리로 열심히 재현하기 시작했다. 그렇게 반 시각쯤 지났을까, 툇마루의 청중은 어느새 늘어나 테루와 함께 유모와 어머니까지 귀를 쫑긋하고 어린 이야기꾼의 입담에 두 눈을 반짝이고 있었다. 그리고 밤.

일찌감치 저녁을 먹은 가족들과 하인들은 어느새 당연한 듯 타케히코의 주변으로 다시 모여들기 시작했다. 구구~ 산 멀리서 들려오는 산새 소리가 그 밤의 이야기꾼을 둘러싸고 제법 좋은 음향 효과를 만들며 도노마치 1번지 저택은 곧이어 입으로 그리는 이야기 무대로 변신했다.

1883년 12월.
추운 밤이었다.
타케히코는 여느 때와 마찬가지로 화로 옆에 서서 어머니와 테루, 유모에게 과장되게 몸을 움직이며 이야기를 하고 있었다. 바로 그때였다.
'땡땡땡, 땡땡땡'
요란한 종소리가 들려왔다. 어머니가 벌떡 일어나 창문을 열었다.
"불이다!"
탄식처럼 내뱉은 어머니의 놀람처럼 저 아랫마을 어귀쯤에서 벌건 불길이 치솟고 있었다. 마을은 이내 비명과 아우성으로 가득 찼고 사람들은 여기저기 불길을 피해 집을 뛰쳐나오느라 마치 전쟁이 난 것 같았다. 가족들은 급하게 아이들을 재촉해 대문을 나서고 타케히코와 유모가 두 손을 꼭 잡고 뛰는 사이 불길은 드디어 도노마치 1번지 저택에 도달했다. 그사이 정신없이 물가를 향해 뛰던 타케히코는 순간 멈칫하고 뒤를 돌아보았다.
날름날름 괴물의 붉은 혀처럼 불길은 마당을 지나 아버지가 누워 있던 다다미방을 삼키고 이내 이야기꽃을 피우던 타케히코의 방을 향해 달리고 있었다.

큰불이었다. 이 화재로 구스마치의 70프로 이상의 집이 모조리 불타 없어졌다. 타케히코가 살던 저택과 다니던 모리 소학교(森小学校)도 전소했다. 하는 수 없이 가족들은 반년쯤 가건물에 머물면서 새로운 삶을 시작해야 했다. 타케히코는 초등학교에 다니기 위해 어머니의 본가가 있는 나카쓰(中津市諸町1808番地)로 거처를 옮겼다.

어머니의 품을 떠나 나카쓰로 가는 길에 늙은 하인 시게시치로(茂七郎)는 어린 도련님을 등에 업고 거듭거듭 말했다.

"도련님, 착한 어린이가 되어야 합니다요. 말도 잘 들으셔야 하고요."

"응, 응."

"도련님, 말썽 부리지 말고 착한 어린이가 돼야 해요. 어른들 말씀도 잘 듣고요."

"응, 응."

기도처럼 계속 같은 말을 하고 또 하는 늙은 하인과 손주뻘의 어린 도련님은 그렇게 험한 산길을 넘고 있었다.

전학한 학교는 도노마치 소학교(殿町小学校). 시골이지만 늘 도련님 소리를 듣고 한껏 사랑을 받던 타케히코에겐 조금은 낯설고 두려운 공간이었다. 더구나 어머니의 본가, 외갓집에는 외조부모 외에 외삼촌 내외가 함께 살고 있었는데 2살 난 어린 사촌 동생 조타로(丈太郎)가 있어 도련님 대접은커녕 늘 어린 동생을 돌봐야 했다.

"타케히코, 잠깐만 조타로를 업고 있거라. 잠들면 내려 줄 테니."

집안일로 바쁜 외숙모의 부탁으로 난생처음 아이를 등에 업었다. 그러나 아직 어린 꼬마였던 타케히코에게 아이를 업는 일은 나무 한 짐을 지는 것보다 어려웠다. 특히 떨어뜨려서는 안 된다는 걱정에 뒤로 돌린 팔에 너무 힘이 들어가다 보니 아기를 내리고 나서도 양팔과 온몸에 멍이 든 것처럼 아프고 힘이 들었다. 그럼에도 아기 돌보기는 매일 계속되었다.

그러던 어느 날 타케히코는 문득 깨달았다.

'아 생각을 안 하면 되는구나!'

자신의 양팔로 아이를 업고 있다는 사실을 의식하며 신경을 곤두세우고 있으면 아이는 잠들지 않는다는 것을 깨달은 것이다. 반면에 아이의 체온과 자신의 체온이 하나가 되고 승마를 할 때 말과 사람이 하나가 되는 듯한 일체감을 만들면 생각보다 힘이 덜 들고 아기도 쉽게 잠든다는 것을 알게 된 것이다.

놀랍게도 타케히코의 어린 시절의 이 '유레카'는 성인이 되어 활동하는 많은 장면들에 응용되었는데 특히 누군가와의 '일체감'이 온전히 형성되었을 때 더 훌륭한 교감과 소통이 가능하다는 깨달음으로 이어진다. 물론 이 인생철학은 이후 타케히코의 동화구연의 기본이념으로 자리 잡기도 했다.

타케히코는 나카쓰에서도 법문을 들으러 갔다. 예전 조카쿠지에서 들었던 그 재밌던 법문이 잊히지 않았기 때문이다. 나카쓰 옛 성터 안에 있는 다이진구(大神宮)에서 열리는 정기 강연회도 꼬박꼬박 들으러 갔다. 법회가 끝나면 젊은 신관(神官)이 뒷정리를 시킨 뒤 신전에 올렸던 떡이나 건어물을 화롯불에 구워 주곤 했는데 어린 타케히코에겐 이 마지막 '행사'가 마치 그들과 하나가 된 듯한 묘한 동료의식을 만들어 주며 뿌듯한 행복감을 선사하기도 했다.

이 정기 강연회는 특히 타케히코에게 매우 특별한 가르침을 하나 주었는데 그것은 사람들 앞에서 강연을 하는 사람의 마음 자세와 몸가짐에 대한 것이었다. 매 강연마다 강사들은 정결한 자세와 근엄한 태도로 강연장에 들어섰고 강연을 시작하기 전엔 꼭 메이지 천황이 국가를 수립할 때 만든 '국민들께 드리는 서약문'을 낭독하곤 했는데 이 모습이 어린 타케히코에겐 어떤 숭고한 '의식' 같은 느낌을 주는 것이었다. 그래선지 타케히코는 이후에도 여기서 배운 대중 강연자의 의식과 몸가짐을 늘 지키려 애쓰곤 했다.

1887년 3월.
새벽 3시. 구스마치 저택 앞으로 하나둘 횃불이 모여들었다.
"다 모였어?"

"다 온 거야?"

"응 다 왔어, 다 왔지?"

"자, 그럼 출발하자."

타케히코가 선두에 섰다. 횃불을 치켜들고 친구 13명과 출발했다. 오이타로 가는 것이다.

이때쯤 타케히코는 초등학교를 졸업한 뒤 오이타현에 하나밖에 없었던 오이타 중학교에 진학했는데 이날은 처음으로 오이타로 가는 날이었다. 지금이야 자동차로 한 시간이면 가는 곳이지만 당시에 타케히코의 마을에서 오이타까지 가는 길은 무려 13리(52㎞)의 거리로 하루를 넘겨 걷는 일이 부지기수였다. 물론 길도 편편치 못해 산길을 따라 하염없이 걸어야 했다.

2리(8㎞) 정도 걸어가자 날이 밝아 왔다. 그렇게 걸어 걸어 히주다이(日出生台)를 지나 유후인(湯布院)을 거쳐 벳푸(別府)에 도착했을 때는 어느새 꼬박 하루가 지나 해가 저물고 사방이 칠흑같이 어두워져 있었다. 숙소는 벳푸의 고메야(米屋) 료칸(旅館). 이곳에서 여정을 풀고 아침부터 다시 걷기 시작. 얼마나 걸었을까. 드디어 눈앞에 바다가 펼쳐졌다.

넘실대는 파도와 푸르다 못해 하얀빛으로 보이는 포말들이 들어왔다 나가고 보드라운 백사장은 당장이라도 고단한 여정의 두 발을 안아줄 듯 푹신하고 간질간질 한껏 환영 인사를 보내기 시작했다.

'안녕.'

바다에게 수줍은 첫 말을 건네며 타케히코의 가슴은 빠르게 뛰기 시작했다.

어린 아이에게 영혼을 불어 넣는 것은 가까운 어른이다.

子どもに魂を入れるのは身近な大人である。

제2장

가슴에 품은
신념 하나

1888년 4월.

"또 그거 보는 거야?"

사이 좋은 다쓰오(辰夫)가 타케히코의 옆자리에 앉았다.

"봐봐, 이번에도 미국에서 신종 묘목이 들어왔어."

한 달에 두 번 간행되는 쓰다센(津田仙)의 《농업잡지(学農社)》는 오이타 중학교에서도 인기였다. 타케히코는 매회 소개되는 미국 농업 정보에 열중해서 코를 파묻고 탐독하기 일쑤였다.

"나는 소와 돼지를 엄청나게 많이 키울 테야."

타케히코의 꿈은 목축업이었다. 머릿속은 늘 수북하게 쌓인 보리와 옥수수 사이로 꿈틀거리는 돼지와 소들로 가득했다. 미국 농업을 배우기 위해서는 반드시 필요할 것 같은 영어도 열심히 공부하기 시작했다. 그러는 와중에 미국에서 영어 교사로 새뮤얼 헤이먼 웬라이트(1863~1950)가 부임해 왔다. 1888년 당시에 오이타와 같은 지방의 중학교에서 영어 교사로 미국인을 채용한다는 것은 상당히 이례적인 일이었다. 2년 전에 결혼한 웬라이트 선생님은 부인 마가렛과 함께였다.

"글쎄 저게 서양의 샤미센(三味線, 일본 현악기)이라네."

"사람이 크니까 샤미센도 크구나."

마가렛 여사의 피아노가 고베(神戶)에서 실려 왔을 때는 오이타 시내가 들썩거렸다.

"나 서양 사람 처음 봐."

"나도."

"서양 사람은 여자도 모자를 쓰는가 보다."

웬라이트는 타케히코가 처음으로 접한 외국인이었다. 그해에 도쿄에서는 우에노쿠로몬쵸(上野黑門町)에 최초로 커피 전문점이 문을 여는 등 다양한 외국 문물들이 들어오고 있었지만 오이타에서는 커피는커녕 아직 외국인을 보는 것도 신기하기만 할 때였다. 타케히코는 일본어를 모르는 웬라이트와 이야기를 하고 싶어서 영어를 열심히 공부했다. 웬라이트에게 배우는 영어 수업은 시간 가는 줄 모를 만큼 재미가 있었다. 이 파란 눈의 선생님은 무엇보다 매우 친절하고 따뜻했다. 영어 수업이 있는 날이면 학생들은 항상 그의 주변을 맴돌았고 따뜻한 그의 인품에 "센세 센세, 티쳐 티쳐" 온갖 소리로 그를 부르고는 했다.

"바다에 가자! 레츠 고 투 비치!"

"와~ 예~ 스!"

웬라이트의 한마디에 모두 바다를 향해 달렸다. 웬라이트는 멀리서 조용히 잠수해 와서 학생들의 다리를 들어 올려 몸을 날리는가 싶더니 냅다 던져 버리고는 큰 소리로 웃었다. 그런 웬라이트를 모두 좋아했다.

돌아오는 길에 타케히코는 옆에서 걷고 있는 웬라이트를 올려다보며 말했다.

"선생님, 저는 소를 키울 생각이에요. 돼지도 키울 거예요. 제 꿈은 목축업입니다. 미국 농장은 어때요? 목초는 주로 어떤 걸 쓰나요?"

약간은 들뜬 목소리로 평소의 궁금증을 모두 쏟아 내는 중에 웬라이트 선생님이 갑자기 발을 멈췄다. 그리고는 타케히코의 앞으로 와 허리를 구부려 타케히코의 어깨에 양손을 올려놓고 어린 제자의 눈을 따뜻하게 바라보았다. 그 순간 이렇게 누군가와 눈을 맞추고 가만히 있어 본 적이 없는 타케히코는 긴장해서 몸이 얼음처럼 굳어 버렸다.

"마이 보이, 아주 훌륭한 꿈을 가지고 있군요. 그렇지만 타케히코는 소나 돼지가 아니라 사람을 키우는 사람이 되어 주세요."

사람을 키우는 사람. 순간 심장이 쿵쾅쿵쾅 진자 놀이를 하기 시작했다. 어디서도 들어 보지 못했던 말, 사람을 키우는 사람. 타케히코의 눈을 바라보는 웬라이트 선생님의 눈은 '너는 할 수 있어'라는 신뢰를 전해 주는 듯 깊고 따뜻했다.

"타케히코! 오늘 웬라이트 선생님 집에서 바이블 클래스라는 걸 한다는데, 갈 거지?"
어디서부터 뛰어온 건지 다쓰오(辰生)가 숨을 헐떡거리며 물었다.
"물론이지!"
"그런데 바이블 클래스가 뭐야?"
"바이블 클래스는 성경 연구회라는 뜻이니까 성경 공부를 하는 거겠지."
"음, 야수교는 도대체 어떤 걸까?"
"글쎄, 웬라이트 선생님이 하시는 거니까 아무렴 어때. 어서 가자."
웬라이트는 영어 교육뿐만 아니라 자신의 정신적인 지주인 성경의 가르침을 오이타 사람들에게 전하려고 노력하고 있었다.
"우와~ 선생님 집 크다~"
"선생님은 이 서양식 집에 사시겠지?"
"응, 저쪽 집에는 통역사랑 요리사가 살고 있대."
먼저 와 있던 아이가 손짓으로 부른다.
"이쪽이야!"
"넓다. 그런데 다다미가 더럽네?"
"먼지도 너무 많아."

처음 가 보는 서양식 집이었지만 청소하는 방식이 달라서 그런가, 이상하게 먼지도 많고 여기저기 더러운 부분이 눈에 띄었다. 타케히코는 일주일에 두 번 있는 바이블 클래스와 일요 예배 때마다 조금 일찍 웬라이트의 집에 가서 구석구석 집 안을 깨끗하게 쓸고 닦기 시작했다. 그러던 어느 날 문득 자기 주변을 둘러보니 무언가 어수선하고 정돈되지 않은 느낌이 드는 것이었다. 중학교에 입학하면서 친구들과 오이타 친척 집에서 하숙 생활을 시작한 지 1년이 다 돼 가도록 그런 생각을 못 했는데 갑자기 자신의 주변을 찬찬히 둘러보니 하숙 생활만큼 무질서하고 불결하며 난폭한 것이 없다는 생각이 든 것이다. 결국 타케히코는 결심을 하고 웬라이트를 찾아갔다. 가능할지 걱정이 되기도 했지만 용기를 내어 말했다.

"선생님, 저…… 선생님 집에서 지내면 안 될까요?"

아무리 선생님이라도 사실상 생판 모르는 남이나 다름없는 학생을 본인의 집에 들이는 것은 결코 쉬운 일이 아닐 것이다. 그 생각을 하며 말을 꺼내다 보니 손에서 땀이 배어 나올 만큼 긴장이 되고 마른침이 꼴깍 소리를 내는 것 같았다. 그런데!

"Why not? 좋아요. 당장 오세요."

서양식 표현대로 너무도 쿨한 대답이 돌아왔다. 웬라이트 부부는 두 팔 벌려 타케히코를 환영했다. 순간 긴장이 풀리며 말할 수 없는 행복감이 밀려왔다.

"고맙습니다, 고맙습니다."

타케히코는 연신 고맙습니다를 외치며 배었던 손바닥의 땀을 바지춤에 닦았다.

웬라이트 집으로 이사 온 타케히코는 아침마다 부지런히 청소를 했다. 웬라이트 부부를 돕기 위해 자신이 할 수 있는 일을 찾아 최선을 다하려 노력한 것이다. 특히 영어 공부와 성경 공부에도 열을 올려 서서히 가벼운 영어 회화에도 자신이 붙기 시작했다. 그뿐만 아니라 단짝인 구기미야 타쓰오(釘宮辰生)와 마주 앉아 늦게까지 기도를 하는 날도 많았다.

그것만이 아니었다. 타케히코는 키가 크고 얼굴이 하얀 이 서양인 부부를 낯설어하는 시선들로부터 이들을 보호하기 위해 일부러 등하굣길은 물론 산책길에도 동행하고는 했는데 그것은 동네 아이들의 짓궂은 행동을 막기 위해서였다. 원래 낯선 것은 두려움을 만들고 그 두려움은 공격성으로 나타나게 되는데 이 마을의 아이들이 그랬다. 선생님 부부가 길을 걸으면 졸래졸래 뒤를 따라오다 느닷없이 돌을 던지기도 하고 이상한 소리를 내며 놀리기까지 하니 여간 골칫거리가 아니었다. 그때마다 타케히코는 마치 경호원처럼 선생님 부부의 앞뒤를 살피며 아이들을 내치고 야단을 치기도 했다. 덕분에 서서히 날이 지나며 놀리던 아이들도 줄어들고 선생님 부부의 산책길도 조금씩 평화로워지기 시작했다.

제자의 이런 마음과 노력 덕분인지 웬라이트는 점점 타케히코를 친아들처럼 아끼게 됐다. 그리고 그런 웬라이트를 통해서 타케히코는 아버지의 사랑이라는 것을 처음으로 느끼고 있었다.

1889년 9월에 기독교 교리에 입각한 교육을 표방한 '간세이 가쿠인(関西学院)'을 고베에 창립한 초대 원장인 미국 남부감리교회 소속 선교사, 월터 러셀 램부스(1854~1921)와 요시오카 요시쿠니(吉岡美國, 1862~1948)가 같은 해 12월 28일 오이타에 왔다. 도착하자마자 오이타 전역을 돌며 선교 활동을 하고 제야 기도회를 개최한 그들은 섣달그믐날 오후 웬라이트와 면담을 한 뒤 간세이 가쿠인으로 와서 도와줄 것을 요청했다. 그리고 그날 타케히코는 램부스에게 세례를 받아 기독교인이 되었다. 웬라이트는 일반 성도였기 때문에 램부스와 같이 교직 자격이 있는 사람에게서만 세례를 받을 수 있었던 것이다. 마침 이해는 헌법에서 종교의 자유가 인정된 첫해이기도 해서 램부스의 활동은 오이타에 기독교를 전파하는 하나의 계기가 되기도 했다. 그럼에도 중앙에서 멀리 떨어진 오이타에서는 여전히 기독교에 대한 반발과 박해가 끊이지 않는 어려움이 있었다.

다음 해 4월 4일, 도쿄의 도요에이와 여학교(東洋英和女学校)의 라지 교장 남편이 강도에게 무참하게 살해당하는 사건이 발생했다. 신문을 통해 그 사건을 접한 타케히코와 웬라이트 부부는 최근 들어 부쩍 자신들에게 돌을 던지거나 주위를 어슬렁거리는 수상한 사람이 늘어난 것 같은 심상치 않은 분위기에 대해서 걱정스레 이야기를 나눈 뒤 11시가 넘어 잠자리에 들었다. 그리고 잠이 들려는 순간.

'쾅!'

무언가가 박살이 난 것 같은 커다란 소리가 집 안을 흔들었다. 타케히코는 벌떡 일어나 베개 머리맡에 두었던 검을 움켜쥐고 소리가 난 곳으로 달려갔다. 집 안으로 들어오는 현관문이 부서져 있었다. 누군가의 소행임이 틀림없었다.

"히어 이즈 마이 테무드 소드(Here is my tamed sword, 여기 내가 길들인 검이 있다)!"

검을 쥐고 문 앞에 선 타케히코가 목청껏 외쳤다. 금방이라도 검을 내려칠 기세다. 황급히 달려 나온 웬라이트도 동그랗게 뜬 눈으로 문밖을 응시했다. 그 순간 야무지게 검을 치켜들고 있는 타케히코에게서는 무라카미 해적의 혈통을 잇는 사무라이의 기백 같은 것이 느껴졌다. 비록 영어는 엉터리였어도 '내 손에는 내가 길들인 검이 있다, 이 검으로 선생님은 내가 지킨다'는 그의 마음이 오롯이 전해지는 것 같았다. 다행히 문밖에선 아무런 기척도 들리지 않았다.

얼마나 시간이 흘렀을까. 꼼짝도 하지 않고 살기 어린 눈으로 문밖을 노려보고 있는 타케히코에게 웬라이트가 천천히 다가왔다. 그리고 침착한 목소리로 말을 걸었다.

"마이 보이, 화를 내는 것은 당연하다고 생각해. 그러나 예수님이 유다의 음모와 배신으로 붙잡혔을 때 화가 난 베드로는 칼로 유다와 함께 예수님을 잡으러 온 대제사장의 종인 말고를 공격해서 그의 오른쪽 귀를 떨어뜨렸단다. 예수님께서는 말고의 귀를 만져 다친 곳을 낫게 해 주시고 베드로에게 이렇게 말씀하셨지. '칼을 도로 칼집에 꽂으라. 칼을 가지고 일어선 자는 칼로 망하느니라.' 우리는 일시적인 분노에 몸을 맡기는 베드로와 같은 태도가 아니라 온화하게 도리를 깨우쳐 가는 요한의 품격을 배워야 한단다. 성경의 정신은 그곳에 있단다."

그 말을 들으며 타케히코는 들었던 칼을 칼집에 꽂았다.

여름이 되자 웬라이트는 고베의 간세이 가쿠인(関西学院)으로 옮겼다. 웬라이트의 권유로 타케히코 역시 고베로 거처를 옮겨 간세이 가쿠인 보통 학부 1기생으로 입학했다. 간세이 가쿠인에 입학한 타케히코의 하루는 매일 고향의 어머니를 위한 기도로 시작되었다. 또, 헤비 스모커인 웬라이트가 건강하게 생활할 수 있도록 그의 금연 기도 역시 빼놓지 않았다.

주말이 되면 선교 활동을 하기 위해 거리로 나갔다. 빨간색 페인트로 십자가를 그려 넣은 작은 초롱을 허리춤에 차고 산노미야 진자(三宮神社) 앞 야시장을 돌며 어떤 날은 용기 내어 거리 연설을 하기도 했다.

이 간세이 가쿠인 시절에는 특별히 나가이 류타로(永井柳太郎, 정치가), 야마다 코사쿠(山田耕筰, 작곡가), 곤 도코(今東光, 소설가)와 같은 친구도 생겼다.

1891년 3월 25일, 아버지가 돌아가셨다. 장례식이 끝난 뒤 앞으로의 일을 상의하기 위해 도쿄로 상경해 종갓집을 찾아갔다.
"넌 앞으로 대체 어쩔 셈이냐?"
타케히코의 얼굴을 보자마자 당시 자작(子爵) 칭호를 받았던 당주(13대 구루시마 미치후미)가 짜증 섞인 목소리로 물었다.
"지…… 지금 다니고 있는 간세이 가쿠인 생활을 계속하고 싶습니다."
"바카! 멍청한 놈 같으니라구. 야수교 서당 따위를 다녀서 뭐가 되겠어!"
"도시샤 대학교(同志社大学)를 만든 니이지마 조(新島襄, 메이지 시대 6대 교육자의 한 명이자 기독교 개신교 개혁 교회 연합의 일원) 선생님과 같은 사람이 되고 싶습니다."
"바카야로! 니이지마 조 같은 사람이 되서 뭘 하겠다는 거야! 너는 해군에 들어가야 해. 멍청한 놈 같으니라구."
철로 만든 부젓가락으로 화로가 깨져라 두드리며 냅다 소리를 지른 자작(子爵)은 급기야 자리를 박차고 일어나 방을 나가 버렸다. 아버지가 돌아가시고 불안한 마음으로 상경한 열일곱 살의 타케히코는 어안이 벙벙해졌다. 한참 후에 여기서 쉬라며 내어 준 대문 옆 작은 골방에 들어와 앉고 보니 서러움에 눈물이 북받쳐 올랐다. 닦아도 닦아도 눈물이 멈추지 않았다. 태어나서 처음으로 모욕감과 분노를 느꼈다. 그러나 여기서 그치지 않고 가문의 당주인 자작(子爵)은 타케히코를 강제로 해군 예비 학교인 고교쿠샤(攻玉社)에 입학시켜 버렸다. 타케히코에게는 실로 견딜 수 없이 힘든 시간이었다. 그래도 어쩔 수 없이 약 10개월여를 이 해군 예비학교에서 지냈다.

그나마 하루가 다르게 변하고 있는 도쿄는 다양한 볼거리들을 선사하기는 했다. 특히 당시엔 처음으로 튜브형 치약이 발명되어 화제가 되는 등 하루가 멀다 하고 새로운 뉴스가 넘쳐 났다. 도쿄는 정말로 모든 것이 신기했다. 그러나 두 눈을 동그랗게 뜨고 신기해하던 도쿄의 생활도 잠시, 타케히코는 고베로 돌아가고 싶었다. 너무도 간절히 웬라이트 선생님 옆으로 돌아가고 싶었다. 결국 고민 끝에 하루는 기독교 잡지 《호교(護教)》의 편집장 야마지 아이잔(山路愛山)을 찾아가 상의를 했다. 다행히 야마지는 "모든 건 나한테 맡기고 탈출하세요."라며 의기소침해 있는 타케히코에게 힘을 실어 주었다. 덕분에 용기를 낸 타케히코는 도쿄를 '탈출'해서 다시 고베로 돌아갔다.

그러나 타케히코의 이 무단이탈은 자작의 격노를 불렀고 그는 기어코 구루시마 집안 호적에서 타케히코를 제적해 버리고 말았다. 당연히 학비 등 모든 금전적인 지원도 끊어졌다.

그렇게 다시 돌아온 고베. 말 그대로 무일푼이었다. 그러나 타케히코는 실망하지 않았다. 오히려 반드시 이 역경을 이겨 내리라 결심했다. 당장 고베에 사는 외국인들에게 일본어를 가르치는 일, 교회 도서관에서 교실용 성경 지도와 참고서를 만드는 일 등 닥치는 대로 아르바이트를 시작한 것도 스스로 이 어려움을 이겨 내겠다는 의지가 있었기에 가능했다. 무엇이든 최선을 다하자, 지금 내가 여기서 할 수 있는 일을 찾아 다시 시작하자. 타케히코의 결심은 굳었고 그런 그를 웬라이트를 포함한 많은 선생님들이 지지하며 지켜봐 주었다.

어느새 1년이 지났다. 간세이 가쿠인 2대 원장이 된 요시오카 요시쿠니의 추천으로 타케히코는 고베 미이(美以) 교회 일요 학교의 교장으로 임명되었다. 재학생으로서는 이례적인 발탁이었다. 이 일요 학교에는 다섯 개 반 80명의 어린이와 다섯 명의 젊은 교사가 있었는데 타케히코는 이곳에서 처음으로 '교육'이라는 새로운 세상을 만나게 된다. 누군가를 가르친다는 이 '교육'이라는 경험은 타케히코를 충만한 의욕으로 이끌며 어린이들과의 다양한 방식의 교감의 아이디어를 고안하는 계기가 되었다. 특히 기독교 성경 이야기를 아이들이 알아듣기 쉽게 전달하기 위해 타케히코는 손수 그림을 그려 동화책을 만들고, 낭독을 하고, 찬

송가 가사를 쉬운 말로 고치는 등 당시로는 정말 획기적인 여러 방안들을 고민하고 시도한다. 그리고 그의 이런 노력은 점차 아이들의 심리를 이해하고자 하는 '관찰'로 이어진다.

1894년 7월.
하코네(箱根)에서 기독교 제6회 여름학교가 개최되었다. 그곳에 참가한 타케히코는 우치무라 간조(内村鑑三, 1861~1930)의 강연 〈후세에 남길 최대 유물〉을 들었다.
"세상을 떠날 때 이 지구를 사랑한 증거를 남기고 싶다. 태어났을 때보다 조금이나마 나아야 하지 않겠는가? 무엇을 남길지, 무엇을 남길 수 있을지는 사람에 따라 다를 것이다. 무언가 물건을 남기지 않아도 자신이 살아온 일이 후세에 남으면 된다. 그 삶의 모습이 꼭 특별해야 하는 건 아니다. 우리가 후세에 물려줄 최대의 유물은 돈이나 사업, 사상이 아니다. 그것은 생애를 남기는 일이다. 우리의 용감하고 고상한 생애를 남기는 것이 가장 큰 유물이요 유산인 것이다."
인생에서 중요한 것은 '무엇을 이루었냐가 아니라 어떻게 살았느냐'라는 가르침을 준 이 강연 내용은 1897년에 책으로 출판되어 지금까지도 읽히는 베스트셀러가 되었다. 당시 이 여름학교에는 타케히코 외에도 와다 에사쿠(和田英作, 서양화가), 후쿠다 토쿠조(福田德川, 경제학자), 가와베 테이키치(河辺貞吉, 목

사) 등이 참석했다. 당시 농과 대학에 재학 중이던 니지마 요시나오(新島義直, 북해도제국대학 교수)도 참석했는데 그는 후에 하코네에서 자신과 같은 방을 썼던 한 청년과 호숫가를 거닐었던 기억을 다음과 같이 기록했다.

"호리호리하게 키가 큰 남학생으로 길게 자른 머리를 늘어뜨리고 감색 홑옷을 입고 있었다. 그는 쉴 새 없이 아이들의 정서 교육이니 종교 교육에 대해서 이야기했다. 그는 어린 아이부터 청년들에게 정신적 지도를 해야만 하는 필요성에 대해서 끊임없이 주장했다. 무엇보다 그 일을 이루기 위해서는 짬짬이 하는 것이 아니라 한 사람이 전력을 다해서 종사하지 않으면 안 되는 커다란 사업임을 강조했다. 그는 또한 그 일을 자신의 천직으로 삼고 살아가 보겠노라고 열심히 말하고 또 말했다."

― 《이누하리코》 중에서

그 청년은 타케히코였다. 웬라이트가 불어넣은 영혼이 스무 살이 된 타케히코의 가슴속에서 하나의 신념이 되어 곧게 피어오르고 있었던 것이다.

오이타 중학교 시절의 웬라이트 선생님 부부와 타케히코

간사이 가쿠인 시절(왼쪽이 타케히코)

제3장

오노에 신베의 탄생

1894년 9월.

강물 소리에 눈을 떴다. 푹신한 이불의 감촉이 좋다. 아침 햇살이 눈부신 하코네 오가와 온천(箱根小川温泉) 료칸 방이다. 스르르 입가에 미소가 번진다. 기독교 제6회 여름학교에 우치무라 간조와 함께 강사로 온 우에무라 마사히사(植村正久) 목사에게 면담을 신청하고 도쿄에서의 취업을 부탁한 결과 일본 기독교 잡지인 《복음신보(福音新報)》의 편집 일을 제안받았다. 취업이 내정된 것이다. 타케히코는 틈만 나면 책을 읽고 단 하루도 손에서 책을 놓은 적이 없었던 만큼 문학에 대해서는 막연한 동경을 가지고 있었다. 그러던 차에 이제 붓으로 먹고살 수 있다고 생각하니 가슴이 벅찼다. 올해 봄 고베로 모신 어머니와 테루가 기뻐하는 얼굴이 눈앞에 그려졌다. 드디어 '나도 내 밥벌이를 하는 진짜 어른이 됐다' 생각하니 단전 끝에서부터 알 수 없는 뿌듯함과 충만함이 올라왔다.

'일을 시작하면 이런 여유는 생각도 못 하겠지? 마음껏 누리고 가자.'

자리에서 일어선 타케히코는 창밖을 내다보며 길게 기지개를 켰다.

희망에 들뜬 며칠이 지났다. 방에서 저녁 식사를 하는데 지배인이 편지 한 통을 넣어 주고 간다. 들여다보니 봉투 뒷면에 '오이타현 모리마치'가 크게 인쇄되어 있다. 그러고 보니 몇 달 전에 고향에 돌아가 받은 징병 검사가 떠올랐다. 마침 이 무렵 청일전쟁이 터진 것이다. 타케히코는 당연히 불합격이라 생각하고 안심하고 있었다. 키는 컸지만 비쩍 말랐던 자신의 신체 조건을 생각하면 합격할 리가 없었다. 그런데,

'갑종 보병 합격(甲種步兵合格)'

순간 종이를 쥔 손이 덜덜 떨렸다. 몇 번이고 다시 읽었다.

합격.

'추첨 결과 제1번으로 근위보병(近衛步兵, 일본 제국 육군의 근위 사단)에 편입을 명한다.'

군대에 들어가야 하는 것이다. 그것도 장장 3년이다. 손가락부터 온몸의 힘이 스르르 빠져나가는 것 같더니 앉을 힘조차 없다. 타케히코는 망연히 놓았던 시선을 다시 종이로 옮겨 가다 이내 자리에 드러누워 버렸다. 곧이어 눈물이 나기 시작했다. 한순간에 천국에서 지옥으로 떨어진 기분이랄까. 무엇을 위해서 영어

공부를 그토록 열심히 했던가. 지금까지의 노력도, 앞으로의 희망도 모두 물거품으로 돌아가 버린 것 같았다. 비스듬히 모로 누운 베갯잇에 눈물이 젖어 드는 것 같더니 괜히 더 서러운 느낌에 펑펑 울음이 터지고 말았다.

그 순간 할 수 있는 것은 단 하나, 기도였다. 젖은 눈을 감고 타케히코는 간절히 신께 기도를 올렸다. "주여, 저를 어디로 이끄시나이까, 하나님 이것이 진정 당신의 뜻입니까."

무릎을 꿇고 두 손을 가슴에 모은 채 그렇게 한참을 기도하고 나자 마음이 조금은 진정이 되었다. 그리고 다시 올라오는 다짐.

'아니다. 좌절은 금물. 일어서야 한다. 이겨 내야 한다.'

다음 날 타케히코는 아침 일찍 료칸을 나와 도쿄로 갔다. 그리곤 우에무라 마사히사 목사를 만나 사정을 설명하고 양해를 구했다. 이어 고베로 발길을 돌렸다. 어머니와 테루가 작은방에서 타케히코를 기다리고 있었다. 가족끼리 오랜만에 오붓하게 며칠을 보냈다.

간세이 가쿠인 청년회 10월 정례회에서는 제6회 여름학교에 다녀온 보고를 했다. 고베 다몬(多聞) 교회에서 열린 11월 정례회는 1백50여 명이 참석했는데 그곳에서 타케히코는 〈바람직한 각오〉라는 제목으로 연설을 했다.

그리고 12월 1일, 근위사단 보병 제1연대에 입대했다.

1895년 3월 18일, 도쿄를 출발한 근위사단 보병 제1연대는

3월 25일 저녁 8시에 히로시마(広島)에 도착했다. 이 시기 타케히코는 도쿄 아오야마(青山) 정류장을 출발해서 기관차가 각 정류장을 지나 히로시마에 도착할 때까지의 여정을 짧은 문장으로 엮어 3월 29일 날짜로 《가정잡지(家庭雜誌)》(博文館)에 투고했다.

야마구치현 시모노세키(下関)에 있는 슌판로(春帆楼).
화창한 봄 바다에 배가 가득 떠 있는 모습을 보고 이토 히로부미(伊藤博文)가 지은 이름이 슌판로(春帆楼)다.
1887년 말, 당시 초대 내각총리대신이었던 이토 히로부미가 슌판로에 묵은 일이 있었다. 하필 그날은 거센 폭풍우로 파도가 높아 식사로 대접할 만한 생선이 한 마리도 없었다. 결국 머리를 싸매고 고민하던 슌판로의 주인은 죽을 각오를 하고 복어 요리를 장만해 이토 히로부미 앞에 내놓았다. 임진왜란 때 복어 중독으로 사망하는 병사가 연달아 발생하자 도요토미 히데요시(豊臣秀吉)가 복어 식용 금지령(1592년)을 내렸는데 그게 당시까지도 이어져 내려오고 있어 사실 복어 요리를 내놓는다는 것은 거의 목숨을 내놓을 각오가 없으면 할 수 없는 일이었다. 하지만 시모노세키의 주민들은 이미 오래전부터 그 근방에 흔했던 복어를 몰래 즐겨 먹고 있었다. 슌판로의 주인이 나름 용기를 내어 복어 요리를 낼 수 있었던 것도 이렇게 오래도록 식용으로 복어를 요리해 오던 풍습이 있어 가능했다. 어쨌든 그날 복어 요리를 맛본 이토 히로부미는 그 맛에 감탄했고 1888년 복어 식용 금지령을 해제시켰다. 그리고 슌판로는 공식 복어 요리 제1호점이 되어 널리 이름을 알리게 되었다.

그 유명한 복어 요리집 2층 연회장에서 1895년 3월 20일부터 청일 강화회담이 열렸다. 청일전쟁에서 일본이 승리한 후 이토 히로부미가 청나라 북양대신 리홍장(李鴻章)을 이곳으로 부른 것이다. 이것은 단순히 청국을 무시해서 벌인 무례한 행동이 아닌 치밀하게 계산된 작전이었다. 이곳이 일본의 군사력을 과시할 수 있는 최적의 장소였기 때문이다. 실제로 청일 양국 대표 11명이 마주 앉아 협상을 하는 동안 일본의 함대가 요동 반도(遼東半島)를 향해 슌판로 앞바다를 줄지어 지나가는 광경이 창문 너머로 보였고 이것은 청나라 사절단을 위협하는 분위기를 조성하는 데 크게 일조했다. 그 함대 안에 신병 타케히코가 타고 있었다.

타케히코가 요동 반도에 상륙하고 얼마 지나지 않은 4월 17일, 청일 강화조약 즉 시모노세키 조약이 조인되었다. 전쟁이 끝난 것이다. 그럼에도 적진에서 하릴없이 대기하는 나날은 이어졌다. 타케히코는 가끔 나지막한 산언덕에서 토끼잡이를 하며 시간을 보내곤 했다.

그리고 4월 25일, 타케히코가 투고한 원고가 〈어느 병사의 통신(一兵士の通信)〉이라는 제목으로 《가정잡지(家庭雜誌)》(5권

52호, 博文館)에 게재되었다. '구루시마 타케히코'라는 이름이 처음으로 활자로 인쇄된 것이다. 그러나 정작 본인은 그 사실을 알 도리가 없었다.

타케히코는 다시 원고용지를 꺼내 들었다. 이번에는 '고노에(近衛, 근위) 사단에 입대한 신페이(新兵, 신병)'라는 글자를 조합해서 만든 '오노에 신베(尾上新兵衛)'라는 필명으로 '신베(新兵衛)'를 주인공으로 한 군대 이야기를 썼다. 이 이야기는 군대에 입대하는 신베가 친구한테서 '4백 개 넘는 주(州)를 가진 만주(滿州)를 정복하고 와'라는 뜻으로 만주와 발음이 비슷한 만쥬(饅頭) 즉 밀가루나 쌀 반죽에 소를 넣고 찌거나 구워 만든 전통 과자 4백 개를 받아 그것을 한입에 털어 넣고 가지고 있던 우산으로 춤을 추는 장면으로 시작하는데 이는 청일전쟁의 승리에 도취되어 있던 당시의 일본 젊은이들의 모습을 투영하고 있었다.

5월이 되자 대만에서 반란이 발생했다는 소식이 들려왔다. 근위사단은 반란을 진압하기 위해 대만으로 출병했다.

"부탁할게. 귀국하면 이 원고를 하쿠분칸(博文館)으로 보내 줘."

타케히코는 한 묶음의 원고용지를 귀환병에게 넘기고 대만으로 출발했다.

5월 29일 대만에 상륙했다. 어렵지 않게 기륭(基隆)을 함락하고 그 기세를 몰아 타이페이(台北)로 진군했지만 찌는 듯한 더

위 속에서 겨울 군복을 입은 병사들은 말라리아, 콜레라, 장티푸스 등의 열대병으로 고통받았다. 결국 잠시 쉬어 가기 위해 행군을 멈추고 기륭(基隆)과 타이페이(台北)의 중간지점에 야영을 했다. 그러던 어느 날 신병인 타케히코가 보초를 서고 있는데 멀리서 하얀색 깃발이 보였다. 순간 식은땀이 흘렀다. 그리고 가까워지는 백기.

"서양 사람이다!"

네 명의 외국인이었다. 선두에 선 외국인이 백기를 들고 있고 뒤에 따라오는 세 명은 총을 메고 있는데 자세히 보니 총을 거꾸로 둘러메고 있다. 항복의 의미다. 타케히코는 부리나케 뛰어가 분대장에게 보고했다. 곧이어 분대장과 고참병 다섯 명이 정신없이 달려왔다.

"이, 이걸 어쩐담?"

"샬라샬라 무슨 말인지 못 알아들을 텐데."

"큰일 났네. 외국말 할 수 있는 놈이 있을 리 만무하고."

네 명의 외국인이 가까이 다가올수록 분대장은 물론 모두의 얼굴이 굳어져 갔다. 그때 타케히코가 조심스럽게 말을 꺼냈다.

"분대장님, 혹시 저들이 미국인이거나 영국인이라면 제가 가서 말을 해 볼 수 있을 것 같습니다!"

그러자 미간을 잔뜩 찌푸린 분대장이 버럭 화를 냈다.

"미국인인지 영국인인지 우리가 알 게 뭐야! 정신 사납게 하지 말고 가만있어. 아, 이거야 원 큰일 났네. 귀찮게 생겼네."

분대장은 팔짱을 끼고 야영 본부와 외국인들을 연신 번갈아 쳐다봤다.

그 모습을 지켜보던 타케히코가 다시 조심스럽게 말을 꺼냈다.

"만약 미국인이거나 영국인이라면 영어를 사용할 것입니다. 제가 가서 물어볼까 싶어서 말씀드린 것입니다."

"뭐? 영어? 너 영어를 할 수 있어?"

"네! 조금 할 수 있습니다!"

그러자 분대장은 언제 화를 냈냐는 듯 반색을 하며 타케히코의 두 어깨를 덥석 잡았다.

"영어를 할 수 있다고? 왜 진작 말을 안 했나? 우리 사단에 영어를 할 수 있는 사병이 있었다니. 자자, 일단 가서 좀 물어보게. 왜 이리로 오는 건지. 어서어서."

등을 떠밀듯 분대장은 타케히코를 외국인들 쪽으로 밀었다.

네 명의 외국인은 미국인, 영국인, 독일인, 포르투갈인으로 타이페이 외국인 거주지에서 폭동을 피해 도망쳐 나온 외국인 대표들이었다. 일본의 사령관을 만나서 이야기를 나누고 싶다고 했다. 타케히코가 그들을 데리고 참모(參謀)가 있는 본부 텐트로 들어갔다.

참모는 일 년 전에 독일에서 막 귀국한 후쿠오카(福岡) 출신의 아카시 모토지로(明石元二郎, 훗날의 제7대 대만 총독,

1864~1919)였다. 결국 아카시 모토지로가 독일인을 맡고 타케히코가 나머지 세 명을 맡아 한 명씩 취조실에 데리고 들어가 심문한 결과 각각의 진술이 일치했다. 이로 인해 정확한 정보를 얻었다고 판단한 근위 사단은 그날 밤 타이페이로 진격해 다음 날 아침 타이페이 성문을 공격해서 성안으로 들어가는 데 성공했다. 타이페이의 사단장(師団長)은 기타시라카와노미야 요시히사 친왕(北白川宮能久親王, 황족, 1847~1895)으로 독일어는 할 수 있었으나 영어는 하지 못했다. 그래서 타케히코가 사단장 전속 통역관이 되어 뉴욕 헤럴드 잡지사의 특파원인 데이비슨을 상대하기도 했다. 일본은 메이지 유신 이후 서구의 기술과 문화를 받아들여 군사 및 산업 발전을 위한 개혁을 추진했는데 육군은 독일식 군대를 모델로 삼았기 때문에 독일어가 주류였다. 덕분에 영어를 할 수 있는 타케히코의 존재는 상당히 귀하게 여겨졌다. 타케히코가 입대한 지 채 일 년도 되지 않아 신참병에서 하사로 진급한 것도 그런 이유에서였다.

하루는 타케히코 앞으로 일본에서 소포가 도착했다. 《소년세계》 1권 13호(1895년 7월 1일)였다. 《소년세계》는 당시 청소년 잡지 중에 압도적으로 많이 팔리는 잡지였다. '아동문학'이라는 개념도 없고 어린이를 대상으로 한 문예 작품을 나타내는 용어조차 존재하지 않던 시절에 '오토기바나시(お伽噺,

옛날이야기, 동화'라는 말을 사용해서 '아동문학'이라는 장르를 개척해 나가고 있던 인기 작가, 이와야 사자나미(巖谷小波, 1870~1933)가 편집장이었다.

그 잡지에 지난번 요동 반도에서 대만으로 떠나기 전 귀환병을 통해 전달했던 원고가 실린 것이다. 타케히코가 '오노에 신베'라는 필명으로 발표한 〈고노에신베(近衛新兵)〉는 10월까지 총 10회에 걸쳐 연재되었는데 다양한 주제에 위트 있는 필체로 많은 사랑을 받았다. 먼저 징병 검사 추첨 결과 1번으로 합격해서 군대에 입대한 이야기를 다룬 〈당첨〉을 시작으로 고향 마을을 떠나는 〈출발〉, 〈입영〉, 〈학과〉, 〈연병〉, 〈사격〉, 〈연습(演習)〉, 〈검열〉, 〈기상(起居)〉, 〈매점(酒保)〉 등의 소제목으로 3개월에 걸친 군대 체험을 소상하게 기록했다. 특히 이 글은 군대 생활의 노하우도 유쾌하게 전달하고 있는데 전쟁터에 가 있는 현 병사가 실제 체험한 내용을 발표한 사례는 처음이었기 때문에 '일본 최초의 전쟁 르포르타주'로도 평가받는다.

청일전쟁 승리 이후 군대에 대한 관심이 높아져 있던 시점과 맞물려 〈고노에신베(近衛新兵)〉 시리즈는 폭발적인 인기를 얻었고 작가 '오노에 신베'는 일약 스타가 되었다.

그해 11월, 근위 사단은 대만에서 도쿄로 귀환했다. 대만에서 머무는 동안 이미 세 번의 승급을 거쳐 하사 계급격인 오장(伍長)이 되어 있었던 타케히코는 해가 바뀌자 3등 서기(書記)로 임명받았다. 그 덕분에 영외거주 허가를 인정받아 고지마치(麴町)에서 하숙을 하며 부대로 출퇴근하는 생활을 하게 된다.

봄 햇살이 가득 내리쬐던 일요일 오후, 타케히코는 군대 동기인 기도 추타로(木戸忠太郎, 지질학자)의 소개로 우시고메쿠 요코테마치(牛込区横手町)에 사는 오자키 코요(尾崎紅葉, 소설가, 1868~1903)를 찾아갔다. 오자키 코요가, 한국에서는 이수일과 심순애의 이야기로 알려진 〈장한몽〉의 원작 소설 〈금색야차(金色夜叉)〉를 《요미우리신문(読売新聞)》에 발표하기 1년 전의 일이다.

"오자키 선생님, 부끄럽습니다만 저는 전쟁터에서 글을 조금 써서 지난달까지 《소년세계》에 신세를 졌습니다."

"아! 그럼 자네가 그 오노에 신베인가?"

"네, 그렇습니다."

"그 글 참 좋았네. 재미있게 읽었어. 보통 인기가 아니었다지? 이와야(巖谷)가 자네를 꼭 한번 보고 싶다고 했었어."

"정말입니까? 저도 꼭 한번 만나 뵙고 싶습니다."

"그래? 그럼 내가 소개해 주지."

오자키 코요는 옆에 있던 종이를 펼친 뒤 새 붓을 한 자루 꺼내 들었다. 그러곤 붓의 끝부분을 앞니로 씹은 뒤 특유의 풍만한 글자로 이와야 사자나미에게 소개장을 써 주었다.

다음 일요일, 타케히코는 이와야 사자나미를 찾아갔다.

"이야~ 자네가 그 오노에 신베인가? 글을 읽고 내가 상상했던 그대로의 인물이구만. 잘 왔네. 잘 왔어."

이와야 사자나미. 그는 이미 아동문학의 일인자로 타케히코에게는 구름 위의 존재같이 느껴졌던 사람이었지만 이야기를 나눌수록 통하는 점이 많았다. 이후로도 타케히코는 시간이 날 때마다 사자나미(小波)를 찾아가 이야기꽃을 피웠다. 그리고 어느새 사자나미의 집에서 하숙을 하기에 이른다.

사자나미의 집에는 이미 타케히코처럼 사자나미를 따르는 서생들이 여러 명 기거하고 있었는데 타케히코는 이들에게 사자나미를 중심으로 한 문학모임을 만들자고 제안해 '목요회(木曜会)'라는 단체를 만들게 된다. 또 이 시기에도 타케히코는 군대 이야기를 계속해서 쓰는 한편, 그림(Grimm) 형제의 동화와 안데르센 동화를 번역하거나 스스로도 창작 동화를 발표하며 서서히 아동문학의 세계로 들어가게 된다.

입대 당시
타케히코

세 번의 승급을 거쳐
대만에서 귀환한 타케히코

타케히코와 사자나미, 1897년

혼자서는 아무것도 할 수 없다.
그러나 혼자서 시작하지 않으면 아무것도 할 수 없다.

一人では何も出来ない。
しかし、一人が始めなければ何も出来ない。

제4장

동화구연회와 아동연극의 시작

"어? 구루시마 군 아닌가?"

"네! 고토 사무관장님, 안녕하셨습니까."

"아니지, 아니지, 작가님이라고 불러야 하나?"

"아이, 놀리지 마십시오."

"참, 그러고 보니 이번에 대만 조사단을 모집하는데, 자네 가 보지 않겠나? 자네라면 글도 쓰겠다, 서기로 안성맞춤일 것 같은데."

훗날 남만주철도 초대총재, 내무대신, 외무대신, 제7대 도쿄시장을 역임하게 되는 고토 신페이(後藤新平, 1857~1929)는 24살에 아이치현 의학교(愛知県医学校) 학교장 겸 병원장 자리에까지 오른 인물이다. 독일에 유학해 의학 박사를 받고 내무성 위생국장에 취임하지만 소마(相馬) 사건(소마번의 마지막 영주가 가족들에 의해 정신병원에 강제 입원되자 가신이 가족을 고발하고 영주를 병원에서 탈출시켰다가 체포된 사건)에 연루되어 수감되었다가 무죄 판결을 받고 보석으로 석방된 뒤 위생국장 자리에서 물러나는 우여곡절을 겪은 이가 그다.

그러나 1895년 4월, 한직이라 할 수 있는 임시 육군 검역부 사무관장으로 복직해 청일전쟁 귀환병에 대한 검역 업무(콜레라 침입 방지)를 성공적으로 마무리하며 다시 뛰어난 행정수완을 평가받아 대만 조사 사업을 맡게 된다.

그 고토 신페이가 '대만 조사단'이라는 소리를 하자 타케히코는 귀가 번쩍 뜨였다. 그 순간 스코틀랜드 출신의 영국 선교사로, 유럽인으로서는 처음으로 아프리카 대륙을 횡단한 탐험가이자 노예제 폐지 운동가인 데이비드 리빙스턴(1813~1873)의 전기를 읽고 미지의 세계를 동경했던 학창 시절의 흥분이 다시금 가슴속에 피어올랐다.

그길로 대만 조사단에 지원서를 냈다. 그렇게 해서 타케히코는 육군 서기관 자격으로 대만 동해안 측량 조사단에 참가해 1년 만에 다시 대만으로 건너간다. 청일전쟁에 승리한 일본이 대만 통치를 위해서 시작한 현지 조사에 합류하게 된 것이다.

대만 동해안 측량 조사는 생각보다 순조롭고 빠르게 끝이 났다. 하지만 타케히코는 모처럼 조사단의 일원이 되어 대만까지 왔는데 이대로 돌아갈 수는 없다고 생각했다. 특히 미개척 지역 즉, 원주민이 사는 깊은 산속 마을에 들어가 보고 싶은 마음이 컸다. 이를 위해 타케히코는 서해안을 통하는 교통로를 수색하고 오겠다며 스스로 임무를 제안해 책임자인 핫토리(服部) 소사를 끈질기게 설득하기 시작했다. 그 결과 동해안의 신개원(新開園)에서 중앙 산맥을 넘어 서해안으로 오는 수색 작업에 나서게 된다.

일행인 조사단원들에게 계획을 말하자 4명의 지원자가 있었다. 다시 추첨을 통해 2명으로 추렸다. 그렇게 타케히코를 포함한 3명이 한 팀을 구성해 드디어 수색 작업이 시작되었다.

당시 일본인들 사이에서는 대만의 원주민은 식인종이라는 공포스러운 인식이 굳게 자리 잡고 있었다. 당시로부터 24년 전인 1871년 10월, 대만 바야오완 해변(현 핑둥현)으로 류큐 왕국(琉球王国, 현 오키나와)의 주민 69명이 표류해 온 일이 있었는데 이 중의 54명이 원주민인 파이완족에게 목이 잘려 살해당하는 사건이 발생했다. 일명 '목단사(牡丹社) 사건'이다.

이 사건으로 대만 원주민은 '사람 잡아먹는 인종'에 '야만인'이라는 이미지가 일본의 각종 미디어를 통해 전파되었다. 그로부터 20여 년이 지나 발생한 청일전쟁의 결과로 대만은 일본 최초의 식민지가 되었고 초창기에 그 대만 수비를 맡았던 주력부대가 타케히코가 소속되어 있던 근위 사단이었던 것이다. 이 근위 사단에 동행한 종군기자가 오타니 마사오(大谷誠夫)였는데 그는 '대만의 원주민은 거칠고 포악하기로 악명이 자자하며 사람을 잡아 죽이고 그 인육을 먹는다'며 대만에 가기를 주저했던 심정을 기록으로 남겼다. 이런 기록을 통해서 목단사 사건 이후 20년의 시간이 흘렀어도 일본인들 사이에서는 여전히 대만 원주민을 두려워하는 '식인종 설'이 뿌리 깊게 남아 있었음을 확인할 수 있다.

이런 시대적인 배경을 통해 볼 때, 타케히코가 자진해서 원주민 마을로 들어가겠다고 나선 것은 어쩌면 용감함을 넘어 무모한 행동이었는지도 모른다. 하지만 22살의 청년은 호기심으로 가득 차 있었다.

그러나 포상금까지 내걸고 짐꾼과 길 안내자를 모집했으나 현지인들도 원주민들을 무서워해서 산속 마을로 들어가기를 꺼려했다. 다행히 겨우 길잡이를 찾아 안내해 줄 3명과 통역사 2명, 짐꾼 7명, 총 15명이 한 팀을 꾸려 출발할 수 있었다. 1896년 7월 10일에 동해안의 신개원(新開園)을 출발해서 7월 24일 대남부성(台南府城)에 도착하는 15일간의 여정이 그렇게 시작됐다.

이 시기 타케히코는 자신이 보고 듣고 경험한 것을 소상하게 기록했다. 글로 표현하기 어려운 부분은 그림으로 기록하는 등 저널리스트의 자질을 유감없이 발휘했다. 그리고 귀국 후 〈번지횡단기록(蕃地橫斷の記)〉이라는 제목으로 《도쿄일일신문(東京日日新聞)》에 1896년 10월 14일부터 11월 19일까지 총 21회에 걸쳐 이 기록들을 고스란히 연재했다. 그의 이 연재물에는 지형

이나 날씨부터 원주민의 생김새, 차림새, 주거지, 생활 습관, 식생활, 결혼과 장례문화, 육아문화, 남녀의 행동양식, 언어에 이르기까지 꼼꼼하게 관찰하고 조사한 내용이 세밀하고 촘촘하게 모두 기록되어 있다.

이 시기에 대만 조사 사업에 심혈을 기울이고 있던 고토 신페이는 수시로 타케히코를 불러 현지에 대해서 묻고 의견을 나눴는데 그날도 마주 앉아 차를 마시며 담소를 나누고 있었다.

"구루시마 군, 자네 고향이 분고(豊後, 현 오이타)라고 했던가?"

"네, 모리번(森藩)입니다."

"모리번의 구루시마(久留島)면 영주가 됐을지도 모르는 몸 아닌가. 이거 내가 영광이군."

"별말씀을 다 하십니다."

"그런데 구루시마면 자네 선조가……"

"네, 이요(伊予, 현 에히메)에서 활동한 무라카미(村上)입니다."

"그 유명한 무라카미 해적 말인가? 넓은 바다를 누비며 천하를 호령하던 해적이 산속으로 들어가 영주가 되다니 드라마틱한 일이야."

"언젠가 제 고향 모리(森)로 모시고 싶습니다."

"나도 꼭 한번 가 보고 싶네."

"고토 사무관장님, 이런 말씀을 드려도 될지 모르겠습니다만 저는 해군의 기초를 만드신 가쓰 카이슈(勝海舟) 선생님을 한번 만나 뵙는 것이 꿈입니다."

"그래? 역시 해적의 후예답구먼. 그러고 보니 나도 가쓰 선생님을 뵌 지가 제법 된 것 같네. 이번 휴무에 내가 자네 꿈을 이루어 주지. 하하하."

가쓰 카이슈(勝海舟, 1823~1899)는 19세기 일본의 격변기에 활동했던 정치가다. 그가 활약한 시대상을 잠시 들여다보자. 에도 막부의 마지막 장군인 도쿠가와 요시노부(德川慶喜)는 막부에 반란을 일으킨 조슈번(長州藩) 정벌에 실패하자 권력을 유지하는 길은 막부를 버리는 길밖에 없다고 판단하고 대정봉환(大政奉還), 즉 270년간 이어진 막부를 스스로 폐지하고 자신도 장군 자리로 내려오는 길을 선택했다. 예상대로 막부를 지탄하던 여론은 순식간에 그를 지지하는 쪽으로 바뀌었다. 요시노부는 이 지지여론을 발판으로 천황 밑에 신정부를 세우고 그 실권자가 되려고 했다. 이에 막부 타도를 계획했던 사쓰마번(薩摩藩, 현 가고시마)과 조슈번(長州藩, 현 야마구치)은 크게 당황했고 마지막으로 목숨을 걸고 쿠데타를 일으킨다. 이것이 '왕정복고 쿠데타'다.

이렇게 쿠데타로 천황을 수중에 넣은 그들, 메이지 유신군은 하루아침에 천하를 수중에 넣고 이제 '역적'이 된 도쿠가와 세력을 치기 위해서 도쿠가와 막부의 수도인 에도(江戶, 현 도쿄)로

쳐들어갔다. 그때 그들을 막아선 사람이 바로 가쓰 카이슈였다. 가쓰 카이슈는 일찌감치 앞날을 내다보고, 머지않아 막부나 번과 같은 봉건 국가가 사라지고 새로운 국가를 건설해야 할 날이 올 텐데 그때 이 나라를 지켜 주는 것은 해군이 될 것이라고 생각해 작은 해군 조련소를 설립하기 위해, 자신을 매정하게 내쳤던 막부의 주류 세력들을 찾아다니며 머리를 숙였던 인물이었다. 그때 함께 일했던 사람이, 소프트뱅크의 손정의 회장이 가장 존경한다고 말했던 사카모토 료마(坂本龍馬)다.

사이고 타카모리(西鄕隆盛, 1828~1877)가 지휘하는 메이지 유신군이 에도성 총공격을 앞둔 일촉즉발의 상황에서 막부 총사령관으로 임명된 가쓰 카이슈가 등장해 사이고와 가쓰 두 사람의 회담이 이루어졌다. 에도성 외곽에서 이틀에 걸쳐 이루어진 이 회담으로 1868년, 무력 충돌 없이 메이지 유신군은 에도에 입성할 수 있었다. 회담 결과를 받아들이지 않고 저항하는 막부군을 끝까지 설득한 가쓰 카이슈의 노력 덕분이었다. 만약 이런 노력 없이 무력 충돌이 벌어졌다면 처절한 전투는 1백만 명의 에도 시민에게 엄청난 비극을 초래했을 것이다.

타케히코는 학창 시절부터 이런 가쓰 카이슈를 존경했다. 특히 노트에 적어 둔 가쓰 카이슈의 명언이 하나 있었는데 그것은 "사람은, 어떤 사람이라도 결코 버려서는 안 된다. 아무짝에도 쓸모없는 사람처럼 보여도 반드시 한 가지는 좋은 점이 있기 마련이다."라는 말이었다. 사람을 키우는 '교육'을 의식하기 시작했을 때부터 이 말은 타케히코의 가슴 깊이 새겨졌다.

다음 휴무일, 타케히코는 고토 신페이를 따라 가쓰 카이슈를 만나러 갔다. 도쿄 아카사카(赤坂)에 위치한 그의 집을 방문하니 하녀가 거실로 안내를 해 준다. 그리고 드디어 만난 가쓰 카이슈. 그는 등을 둥글게 말고 앉아 있다가 그 자세 그대로 얼굴만 뒤로 돌려 두 사람을 올려다보았다. 그 눈빛이 어찌나 날카롭던지 긴장한 타케히코는 숨도 제대로 쉴 수가 없어 그저 막연히 고토 신페이의 등 뒤에 돌부처처럼 서 있었다. 당시 타케히코의 나이는 23살이었다.

그로부터 2년 뒤 정계를 떠나 조용히 여생을 보내던 가쓰 카이슈는 75세의 나이로 세상을 떠났다.

꿈에 그리던 가쓰 카이슈를 만난 그해 말, 타케히코는 군대를 제대했다. 3년간의 병역의무가 끝난 것이다. 가나가와현(神奈川県) 출신의 하마다 미네(浜田ミチ, 1880년생)와 결혼한 것도 그해였다. 이와야 사자나미(巖谷小波)의 추천으로 고베신문사(神戸新聞社)에 취직해 《고베신문》의 창간을 준비하게 된 것도 이 무렵이다. 다만 어쩔 수 없이 취업으로 고베로 거처를 옮겨야 해서 어머니를 여동생 부부에게 맡겨야 했다.

타케히코가 정치와 경제 부문의 지면을 담당한 《고베신문》은

1898년 2월 11일에 창간됐다. 그런데 다음 해 여름, 도쿄 고지마치(麴町)에 《군사휘보(軍事彙報)》라는 잡지가 새로 간행되었다. 타케히코는 다시 사자나미의 추천을 받아 이번에는 그곳의 편집장으로 들어가게 된다. 결국 군사휘보사(軍事彙報社)와 3년 계약을 맺은 뒤 고베신문사를 퇴직하고 미네 부인과 1년 반 만에 다시 도쿄로 돌아왔다. 그러나 채 반년도 지나지 않아 군사휘보사가 도산하고 말았다.

다음으로, 이번에는 친구의 소개로 영국 회사와 거래를 하는 요코하마의 한 무역회사에 입사했다. 하지만 취재를 하고 글을 쓰며 신문과 잡지를 만들던 그에게 나사나 철 같은 것을 취급하는 창고 책임자의 일은 맞지 않았다. 이어진 일본우선주식회사(日本郵船株式会社)의 일도 만만치 않았다. 특히 이 주식회사의 일은 상하이 지점잠의 비서직으로, 단신으로 상하이까지 건너갔으나 중국의 의화단 사건(義和団事件, 외세 배척 운동)으로 회사가 문을 닫아 버리는 또 한 번의 좌절을 맛봐야 했다. 이 시기의 타케히코는 지독히 어려운 가난과 추위 속에 있었다. 그러나 그 어려움 속에서도 그는 일본의 어린아이들을 교육하는 미래를 꿈꿨다.

그 꿈을 찾아 다시 일본으로 돌아가기로 마음먹은 타케히코는 언제 다시 올지 모를 이국을 아내에게 보여 주기 위해 얼마간의 돈을 구해 미네 부인을 상하이로 불렀다. 그리고는 시라이와 류헤이(白岩龍平, 대동기선회사사장)에게 도움을 받아 미네 부인과 쑤저우(蘇州), 항저우(杭州) 등을 관광한 뒤 일본으로 돌아왔다.

　귀국 후엔 얼마 지나지 않아 오사카 매일신문사(大阪每日新聞社) 통신부장이었던 쓰치야 모토사쿠(土屋元作, 1866~1932)의 권유를 받아 1901년 3월 21일 자로 오사카 매일신문사에 입사했다. 여기서는 사회부에 배치되어 스포츠 기사를 담당했다. 아내인 미네 부인은 아이슈(愛珠) 유치원 교사로 근무했다. 또 도쿄 여동생 집에 머물던 어머니를 다시 오사카 집으로 모셔 오기도 했다. 그러나 행복도 잠시, 그해 10월 20일 어머니는 돌아가셨다.

　다음 해 1월부터는 《오사카 매일신문》에 〈유치원〉이라는 어린이를 위한 칼럼을 만들고 '원장 오노에 신베'라는 필명으로 동화를 연재하기 시작했다. 그것은 타케히코의 마음속에 늘 자리하고 있던 꿈 때문이었는데 그의 꿈은 단 하나, '아동교육'이었다. 그가 수많은 경험을 하고 다양한 직업을 전전하면서도 단 한 번도 잊지 않았던 꿈, 그것은 어린이교육과 어린이 문화사업이었다. 다만 그 꿈을 실현하기 위해서는 자금이 필요했다. 그가 신문사나 잡지사를 떠나 무역회사나 창고 책임자로까지 무슨 일이든 하려고 했던 것도 바로 이 꿈을 어서 빨리 현실로 만들고 싶어서였는지도 모른다. 그러나 꿈은 크고 돈은 없고, 또 계속되는 경제적 어려움 등으로 인해 때로는 조급증에 불안한 마음이 들기도 했다.

이런 갈등과 불안이 있다 보니 이번에는 재직 2년 만에 오사카 매일신문사를 그만두고 요코하마 가이몬(海門) 무역회사에 입사했다. 그러나 어찌된 일인지 이곳도 10개월 만에 부도가 나서 문을 닫아 버렸다. 그 후 요코하마무역신보사(橫浜貿易新報社, 현 神奈川新聞社)에 입사한 것은 무려 7번째 이직이었다.

오사카에서 요코하마로 옮긴 지 얼마 되지 않은 1903년 4월 17일, 타케히코는 고지마치의 사자나미 집을 찾아갔다. 마침 사자나미는 가쿠슈인(学習院) 유치원에서 동화구연을 하기 위해 나가려던 참이었다. 《소년세계》 잡지의 편집장을 하면서 〈일본 옛날이야기〉(1894~1896), 〈일본 이야기〉(1896~1898) 시리즈에 이어 〈세계 동화(世界お伽噺)〉 시리즈를 매달 발표하고 있던 사자나미는 처음으로 동화를 쓰기 시작한 5년 전쯤부터 유치원이나 초등학교에 초빙되어 자기가 쓴 동화나 유익한 이야기를 아이들에게 직접 들려주는 동화구연 활동을 간간이 하고 있었다. 그게 어떤 건지 궁금했던 차에 타케히코는 사자나미를 따라 가쿠슈인 유치원에 가 보기로 했다.

가쿠슈인은 대대로 황족과 화족 전용의 궁내성 산하 관립학교다. 그날은 가쿠슈인의 대일본 부인 교육회 주최로 열린 행사였다. 사자나미의 동화구연 앞 순서로 쓰보우치 쇼요(坪内逍遥, 소설가)가 강연을 했다. 가난하지만 인정미 넘치는 사람들에 대한 이야기였다. 감동을 받은 타케히코는 언젠가 나한테도 이런 강연의 기회가 주어진다면 저런 이야기를 해야겠다고 생각했다. 그런데 무대 뒤편에서 행사를 도와주고 있던 부인들 사이에서는 혹평이 쏟아졌다. 귀하신 황족분들 앞에서 저런 미천한 서민들의 이야기를 하다니, 무례하기 짝이 없다며 눈살을 찌푸리고 있는 것이다. 그 모습을 보게 된 타케히코는 그들이 강연 문화에 익숙하지 않기 때문에 생긴 일이라 생각하고 스스로 강연 모임을 만들어 특히, 아이들에게 어릴 때부터 좋은 이야기를 많이 들려줘서 감수성을 키워 줘야겠다고 다짐했다.

그 다짐을 하고 얼마 뒤, 미네 부인이 생활비를 아껴 모은 30엔으로 타케히코는 '아이들을 위한 문화 강연회'와 같은 성격의 동화구연회를 개최하기 위해서 동분서주했다. 그리고 3개월 후인 1903년 7월 15일, 어머니가 다녔던 요코하마시 나카쿠 호라이초(中区蓬莱町) 메소디스트 교회에서 '동화구락부(お伽俱楽部, 구락부는 '클럽'의 일본식 음역어)'라고 이름 붙인 제1회 동화구연회를 개최했다. 입장료는 보통석 5전, 특등석 10전으로, 이는 공개적인 자리에서 개최된 일본 최초의 '유료 동화구연회'였다. 먼저 타케히코가 등단해서 인사말을 하고 이전에 오자키 코요(尾崎紅葉)를 소개해 준 군대 동기, 기도 추타로(木戸忠太郎, 지질학자)가 나와 〈백만 년의 후지산〉이라는 과학 이야기를 했

다. 그리고 마지막으로 사자나미가 나와서 재미있는 동화를 들려주었다. 라디오도 텔레비전도 없던 시절. 아이들은 호기심과 상상력을 충족시켜 주는 이 '동화구락부(お伽俱楽部)'에 열광했다.

같은 날 요코하마 극장에서 〈동백꽃 공주(椿姬)〉를 상연하고 있던 가와카미 오토지로(川上音二郎, 신파극의 창시자)가 요코하마무역신보사(橫浜貿易新報社)의 사회부 기자로 있던 타케히코에게 자기 공연을 선전하는 기사를 써 달라고 부탁하기 위해 메소디스트 교회로 찾아왔다. 그런데 교회는 모여든 아이들로 발 디딜 곳도 없을 정도라 도저히 이야기를 나눌 수 있는 상황이 아니었다. 가와카미는 다음 날 타케히코의 집으로 찾아왔다.

"어제 보니 교회가 아이들로 넘쳐 나던데 도대체 무슨 모임이 있었습니까?"

타케히코는 '아이들을 위한 문화 강연회'를 개최하게 된 취지와 내용, 그 필요성과 나아갈 방향에 대해서 열변을 토했다.

"감동 교육이라, 그것 참 멋진 생각입니다. 감정과 정서를 어린아이 때부터 교육시켜야 우리 예술 분야도 발전할 수 있겠지요. 저도 뭔가 동참하고 싶은데 아이들한테 우리 연극을 보여 주는 건 어떨까요? 우리 같은 '꾼'들이 어린아이들을 상대로 공연을 한 적은 없으니 이 또한 일본 최초가 아니겠습니까."

"좋은 생각입니다. 가와카미 씨, 그 유명한 이와야 사자나미 선생님을 아시지요? 작년 11월에 독일에서 돌아오셨는데 올 2월에 아동연극을 위한 《하루와카마루(春若丸)》라는 작품을 출판하셨어요. 그런 작품들을 무대에 올려 보면 어떨까요? 이거야말로 일본 배우들은 아직 아무도 손을 대지 않은 미지의 세계지요."
"오! 그것 재미있겠는데요?"

가와카미가 돌아가자 타케히코는 당장 사자나미의 집으로 달려가 상의를 했다. 그리고 며칠 후 교바시(京橋)에 있는 후키테이(富貴亭)라는 요정에서 가와카미 오토지로와 그의 부인 사다얏코(貞奴), 사자나미와 함께 모여 의논을 했다. 그 결과 《하루와카마루(春若丸)》는 어렵다고 판단해 사자나미가 쓴 《세계 옛날이야기》 시리즈에 수록된 〈여우의 재판(狐の裁判)〉과 〈춤추는 바이올린(うかれ胡弓)〉을 선정해 연극으로 만들기로 했다. 각본은 사자나미가 맡기로 했다. 이어 10월 3일과 4일 이틀간 도쿄 혼고자(本郷座)에서 첫 상연이 결정되었다. 입장료는 보통석 10전, 특등석 1엔 50전으로 비싼 가격임에도 불구하고 이틀 다 초만원의 성황을 이루었다.

개막전인 오후 1시 20분부터 약 35분간 타케히코가 먼저 무대에 올라 일본 최초 아동 연극이 실현되기까지의 경과를 보고하고 연극이 미치는 교육적 정서적 예술적 측면에 대해서 간략하게 설명했다. 그리고 막이 오르자 사자나미가 등단해 동화구연을 하고, 이어서 아동연극이 시작했다. 이 가와카미의 아동연극은 도쿄 초연 이후 전국 20여 곳을 순회하며 무려 4년간이나

갈채를 받는 인기 공연이 되었다. 일본에서의 첫 아동연극, 전문 배우가 아이들을 대상으로 한 상업 연극으로서의 아동연극은 이렇게 시작됐다.

미네 부인과 첫째 딸 후쿠코를 안은 타케히코

제5회 동화구연회, 1906년 11월

제4장 동화구연회와 아동연극의 시작

제5장

아동문화의 씨앗을 뿌리자

1904년 8월. 경성역의 플랫폼.

"아버지~"

미네 부인에게 안긴 2살 된 후쿠코(福子, 1902년 3월 11일생)가 양손을 번쩍 들어 흔들고 있다. 뜨거운 햇볕 아래 한참을 기다리고 섰던 타케히코가 얼른 달려가 반년 만에 보는 첫딸을 안아 들고 얼굴을 비볐다.

반년 전인 1904년 2월 10일, 일본이 러시아를 상대로 선전포고를 했다. 러일전쟁을 도발한 일본은 배후 병참선 유지와 한국 내 치안유지를 목적으로 '한국주차군(駐箚軍)'을 편성하고 그 사령부를 경성(현 서울)에 설치했다. 그리고 군사행정을 총괄하기 위해서 사령부 내에 경리부(経理部)를 조직했다. 당시 한 달에 한 번 '동화구락부(お伽倶楽部)'를 개최하는 한편 도쿄중앙신문사(東京中央新聞社)에 이직해 일하고 있던 타케히코는 이 러일전쟁이 발발하는 시기에 특파원으로 쓰시마(対馬)에 파견 나가 취재로 바쁘던 중에 동원명령서를 받았다.

그러고는 귀가도 못한 채 그대로 소집되어 군대에 들어가게 된다. 이어 한국의 인천항으로 건너가 경리부에 배치되었던 타케히코는 지난주에 경성 사령부로 옮겨진 것이다. 그리고 딸과 아내가 경성으로 찾아온 것이다.

이국땅에서 짧은 시간이나마 가족과 함께 보낸 타케히코는 다음 해 5월 북한군(北韓軍)에 배속되어 북상했다. 함경북도의 부령을 지나 창두령 전투와 오봉산에서의 격전 후 봉의산에서 마지막 전투가 있었다. 끝으로 회령을 점령하고 휴전에 들어갔다. 회령에서 조금 여유가 생기자 타케히코의 눈은 다시 자연스럽게 아이들에게로 향했다. 여기서도 그는 조선 아이들의 놀이 문화, 조선의 출산과 육아 풍습 등을 관찰하고 기록했다. 그러나 행복한 시간도 잠시, 10월이 되자 이번에는 만주로 진군해야 했다. 그렇게 올라간 요양(遼陽)에서 진을 치고 있다가 사하(沙河)로 진군해 주둔하던 중에 휴전이 되었다. 덕분에 그는 11월 15일 하사관으로 귀국길에 오를 수 있었다.

그런데 히로시마(広島)에서 내린 타케히코는 군복을 입은 초췌한 모습으로 무작정 누군가의 집을 찾기 시작했다. 아내와 아이가 있는 도쿄 집이 아니라 누군가 다른 이의 집. 물어물어 찾아간 그 집은 오이타 중학교 동창 구기미야 타쓰오(釘宮辰生)의 집이었다. 갑작스러운 방문에 어리둥절해 놀라는 타쓰오의 손을 덥석 잡고 타케히코는 말했다.

"타쓰오, 나는 말이야, 이번에 내가 살아서 일본 땅을 밟게 된다면 제일 먼저 자네를 찾아가리라 마음을 먹었어. 자네 손을 잡고 나의 이 진실한 뜻을 맹세하기 위해서."

생사를 넘나드는 전쟁터에서 타케히코가 간절하게 세운 '진실한 뜻'이란 오이타 중학교 시절에 웬라이트 선생님에게 배운 '사람을 키우는 일'에 자신의 남은 인생을 바치겠다는 결심이었다. 그 결심을 다른 누구도 아닌 오이타 중학교 시절에 함께 손을 모아 기도하고 공부했던 친구를 찾아 가장 먼저 맹세하고 싶었던 것이다.

집으로 돌아와 5일간의 휴식 시간을 가진 타케히코는 곧 도쿄 중앙신문사에 복직했다. 이때 그가 가장 먼저 한 일은 중앙신문의 일요일 부록으로 어린이 신문을 만드는 것이었다. 《홈(HOME)》이라는 제목의 일본 최초의 컬러 5색판 주간 어린이 신문이었다.

《홈(HOME)》은 어린이를 위한 동화나 그림 이야기, 해외 문화나 장난감 소개, 학교 안내, 과학 이야기, 위인들의 어린 시절 소개 등 다채로운 내용으로 구성되었다. 타케히코는 《홈(HOME)》의 편집을 담당하는 한편 사적으로는 전쟁터에서 구상했던 종합적인 아동문화운동을 체계적이고 조직적으로 추진해 나가기 위한 준비로 분주하게 움직였다. 그리고 학교와 가정을 잇는 사회교육 기관으로서 '동화구락부(お伽俱樂部)'라는 이름의 아동문화 활동 단체를 새로 조직했다. 회장으로는 야나기와라 요시미쓰(柳原義光) 백작을 앉히고 이와야 사자나미(巖谷小波)와 도기 텟테키(東儀鉄笛, 작곡가)를 고문(顧問)으로 또, 자신은 주사(主事)로, 실무를 담당하는 주임쯤 되는 직책을 맡았다. 여기서는 동화구락부(お伽俱樂部)가 주최하는 어린이 행사(동화구연회)를 매달 정기적으로 개최하기로 하고 1906년 3월 17일 토요일, 도쿄 간다(神田) 청년회관에서 첫 번째 행사를 열었다. 입장료는 어린이 10전, 어른 20전이었다.

"이봐, 구루시마 군, 시작하려면 아직 한 시간이나 남았는데 어찌나 애들이 많이 몰려왔는지 입구에서 여기 들어오는데 아주 혼이 났다구. 저 애들이 다 들어와지겠나?"
"저렇게 많이들 와 주니 얼마나 다행인지 모르겠습니다. 감사합니다."

행사 당일 타케히코는 39도가 넘는 고열에 시달렸지만 물 한 잔 들이켤 짬도 없이 바쁘게 움직였다. 그리고 드디어 객석을 가득 메운 아이들이 목을 길게 빼고 기다리는 속에 막이 오르자

〈동화구락부(お伽俱楽部)의 노래〉(이와야 사자나미 작사, 도기 텟테키 작곡)가 울려 퍼졌다. 곧이어 타케히코, 사자나미, 기도 추타로, 사사노 토요미(笹野豊美, 아사미소학교 교장)의 재미있는 '이야기'가 이어졌다.

준비 단계에서부터 아이들에게 입장료를 받는 것에 대한 비판과 허구의 이야기를 아이들에게 들려준다는 우려가 적잖게 들려왔지만 동화구연은 아이들의 마음을 사로잡았고 행사는 대성공이었다. 그러나 행사가 끝나고 타케히코는 장티푸스에 걸린 것이 확인돼 병원 신세를 져야 했다. 여기에 더해 무려 70일이나 입원해야 했기 때문에 4월 행사는 건너뛰고 5월부터 다시 행사를 시작할 수밖에 없었다.

5월의 두 번째 행사에는 타케히코와 사자나미 외에도 러일전쟁의 기록 소설인《육탄(肉弾)》을 출판하고 주목을 받던 사쿠라이 타다요시(櫻井忠温, 육군 겸 작가)가 출연했다.

연일 성황을 이룬 이 행사들은 처음에는 아이들에게 이야기만을 들려주는 단순한 동화구연회 같은 성격이었으나 회를 거듭할수록 아동연극, 음악연주, 동요합창, 축음기 감상, 마술 등 다양한 프로그램이 추가되면서 방문하는 지역마다 가히 작은 어린이 축제를 만들어 내고는 했다.

같은 해 9월, 출판사 하쿠분칸(博文館)에서 간행되는《소년세계》의 편집장이었던 사자나미는, 애독자를 위해 방문 동화구연회를 열어 주는 '소년세계강화부(少年世界講話部)'를 설치하고 타케히코에게 주임을 맡겼다. 타케히코는 이 활동 조직을 '소년세계환등대(少年世界幻灯隊)'라고 이름 지었다. '환등기'란 강한 불빛을 그림이나 사진 필름에 비추어 확대경을 통해서 크게 보이게 하는 장치로 현재의 슬라이드 영사기(프로젝터)의 원형이다.

타케히코는 이 환등 기계를 사용해서 하쿠분칸 편집부의 풍경과 기자들의 얼굴 사진, 세계 각국의 사진, 동물원, 스포츠 사진 등을 비추면서 전국의 어린이들에게 넓고 넓은 세계와 '꿈'을 보여 주려 노력했다. 특히 이를 위해 전국 어느 학교든 출판사를 통해 방문을 요청하면 어디든 방문하겠노라 만반의 준비를 갖추고 대대적인 홍보 활동에 나섰다. 출장 비용도 무료라고 홍보했다.

1906년 10월 13일, 도쿄 우시코메쿠(牛込区, 현 신주쿠)의 쓰쿠도(津久戶) 소학교에서 제1회 환등회가 열렸다. 환등기 등 필요한 것들을 마차에 가득 싣고 기계 설치 작업자들이 먼저 학교로 출발해 설치를 시작했다. 뒤를 이어 타케히코를 포함한 4명이 학교로 향했다. 이날은 비가 왔는데도 불구하고 1천5백여 명의 아이들이 모여서 기다리고 있었다. 타케히코는 환등기를 사용해 2백여 장의 사진을 보여 주며 아이들에게 이야기를 들려 주었다. 제2회 환등회는 같은 지역의 이치가야(市谷) 소학교에서 27일에 열렸는데 이번엔 2천 명의 아이들이 구름처럼 모여들었다. 이후에도 전국 각지에서 환등대 방문 요청이 쇄도하기 시작했다.

"스즈키, 들었어? 우리 마을에 동화환등대가 온대!"
"정말? 사자나미 선생님이랑 오노에 신베가 온다고?"
"그렇다니까!"
"어디? 어디서?"
"저 아래 극장! 미안, 나 먼저 간다!"
"기다려! 나도 갈래. 같이 가~"

　11월 16일, 환등대 일행이 야마나시현(山梨県) 고후시(甲府市)에 도착했다. 고후시의 소학교를 돌며 환등기를 상연하고 타케히코는 독일에 대한 이야기를 재미나게 풀어 주었다. 그렇게 타케히코가 지나간 고후시에는 동화구락부(お伽倶楽部) 지부가 설치돼 지속적인 어린이 문화사업의 작은 기틀이 마련되었다. 이어 고후시를 나와 동북 지방을 순회하는 3개월 동안 무려 6천 명이 넘는 아이들이 '소년세계환등대(少年世界幻灯隊)'를 보기 위해 모여들었다.
　1907년이 되었다. 새해가 밝자마자 오사카(大阪)로 간 환등대는 4월에는 교토(京都)에 있었다. 4월 7일 '교토 동화구락부(お伽倶楽部)' 창단식에 참석한 타케히코는 당일 오후 7시, 가미교(上京)의 소학교에서 환등회를 개최했다. 그런데 시작한 지 한 시간도 채 지나지 않아 환등기가 고장이 나 버렸다. 강연회장은 순식간에 깜깜해져 버렸다.

"이거 큰일났네."

"그쪽도 안 움직여?"

이때 기술자들 옆에 쭈구리고 앉아 환등기를 들여다보고 있는 타케히코 등 뒤로 한 학생이 가만히 다가왔다.

"저, 선생님, 환등은 다음에 또 보면 되니까 이야기를 하나 해 주시면 안 될까요?"

그러자 기다렸다는 듯이 아이들이 소리를 질렀다.

"이야기해 주세요!"

"이야기가 좋아요!"

"좋아! 〈인간의 수명〉이라는 이솝우화 이야기를 하나 해 주지!"

다음 날, 타케히코는 응원을 위해 달려와 준 사자나미와 구로다 코잔(黒田湖山, 소설가)과 함께 기요미즈데라(清水寺)로 산책을 나갔다. 그런데 찻집을 발견하고 안으로 들어가려던 구로다가 갑자기 발걸음을 멈추고 찻집 앞에 걸려 있는 대형 홍등을 가리키며 눈살을 찌푸렸다. 그가 가리키는 곳을 바라보자 홍등에 커다란 글씨로 '혀 잘리는 떡(혀 잘린 참새라는 일본 옛날이야기에 빗댄 말)'이라는 메뉴가 써 있는 것이다.

"재수 없게 이게 뭐람. 우리가 이제부터 혀를 움직여서 동화의 씨앗을 뿌리려고 하는데 지금 여기서 혀가 잘리면 어떡하란 말이야."

그러고는 구로다와 사자나미는 고개를 저으며 한사코 떡을 먹지 않겠다고 고집했다. 반면 타케히코는 "제 아무리 혀 잘리는 떡이라도 뱃속에 들어가면 다 똑같죠 뭐. 먹는 게 남는 겁니다."라고 말하더니 "아이고 맛있다, 아이고 맛있네."를 연발하며 떡 한 접시를 혼자 다 비웠다고 한다. 주술과 운명보다 인간으로서의 자기 의지를 더 믿었던 타케히코의 낙천적 성품이 엿보이는 대목이다.

그날 저녁은 시모교(下京)의 소학교에서 환등회가 열릴 예정이었기 때문에 기계 설치 작업자들이 일찌감치 강연회장에 도착해 준비를 마치고 기다리고 있었다. 그런데 막상 환등회가 시작하자 또 환등기가 고장이 나 버린 것이다. 이때 다시 재촉하는 아이들의 소리.

"선생님, 환등은 안 봐도 좋으니까 이야기를 해 주세요!"

여기서도 다들 이야기를 해 달라고 조른다. 하는 수 없이 타케히코는 〈인간의 수명〉을, 사자나미는 〈네 개의 뿔〉이라는 이야기를 들려주기 시작했다.

이렇게 연이어 발생한 환등기계의 고장이라는 '사건'도 한몫을 했지만 온전히 아이들만을 위해서 이야기를 들려주는 '동화구연'이라는 새로운 문화가 '환등'보다도 더 환영을 받는다는 것을 확인하게 된 타케히코는 새로운 결심을 하게 된다. 그것은 동화구연을 본격화하는 것이었다. 아이들이 얼마나 깊이 '이야기'를 갈구하는지 그 소망과 마음을 온몸으로 느낀 그는 앞으로는 환등기와 같은 기계에 의존하지 않고 '구연(口演)' 하나로 아이들 앞에 서야겠다고 또 다른 시작을 다짐한 것이다.

당시 사자나미는 〈세계 동화(世界お伽噺)〉 시리즈를 집필하며 매달 한 권씩 책을 간행하고 있어 새로 발표되는 이들 신작 동화를 테마로 구연 활동을 하게 된다. 반면 타케히코는 매달 똑같은 이야기를 반복해서 구연하면서 어떻게 하면 더 잘할 수 있을까를 다양한 방식으로 고민하고 궁리했다. 그 외도 동화구연이 끝나면 서로의 구연에 대해서 비평하고 평가하는 시간을 갖기도 했다.

이렇게 소년세계강화부(少年世界講話部)를 설립한 첫해는 환등기를 가지고 동북 지방을 순회했지만 2년째부터는 환등기계를 지참하지 않고 동화구연만으로 주고쿠(中國) 지역에서 규슈(九州) 지역을 돌고 3년째는 호쿠리쿠(北陸) 지역을, 4년째는 긴키(近畿) 지역을 순회했다. 또한 타케히코가 다녀간 이들 지역에는 하나둘씩 동화구락부(お伽俱楽部) 지부 또는 그와 비슷한 유사 단체가 생겨났다.

타케히코는 아동연극의 보급에도 힘을 쏟았다. 왕성하게 활동하던 가와카미 오토지로(川上音二郎) 극단이 일시 휴업 상태에 들어가 있었기 때문에 자기 손으로 일본 최초의 전문 아동극단인 '도쿄아동극협회(東京お伽劇協会)'를 결성한 것이 그 첫걸음이었다.

먼저 단원들에게는 일본 5대 옛날이야기에 나오는 이름으로 예명을 지어 주며(天野雉彦, 月宮兎麿, 石川木舟, 渡辺蟹哉, 増永桃三, 川田杵男) 어린이들과의 친밀감을 높이려 노력했다.

이 극단에 합류한 인물의 면면도 상당해, 출판 미술계에서 한 시대를 풍미한 삽화가, 다카바타케 가쇼(高畠華宵, 1888~1966)는 에히메(愛媛)현에서 도쿄로 상경한 지 얼마 되지 않아 입단해 연극배우의 꿈을 키우며 무대그림을 그리기도 했다. 간판 그림은 늘 타케히코의 이웃에 살며 친했던 가부라키 기요카타(鏑木清方, 1878~1972)에게 부탁했다. 기요카타는 훗날 〈미인화〉로 크게 사랑을 받으며 '근대 일본화의 거장'이 되었다.

1907년 3월 9일에는 도쿄 간다(神田) 청년회관에서 동화구락부(お伽倶楽部) 창립 1주년 기념 동화구연회를 개최했는데 이 행사에서 타케히코가 처음으로 무대감독을 맡은 〈아기 양 세상(小羊の天下)〉(이와야 사자나미)이라는 작품이 아동연극으로는 처음으로 무대에 올랐다. 이외도 타케히코는 〈개구리 피리(蛙さんの笛)〉, 〈신 모모타로(新桃太郎)〉, 〈신 가치가치야마(新かちかち山)〉 등 아동연극의 각본도 여러 편 집필했으며 지방을 방문할 때마다 스스로 아동연극 하는 법을 적극적으로 지도하는 등 아동연극의 대중화에 힘썼다.

소년세계강화부의 활동, 1909년 7월 도야마

아동연극 모모타로의 포스터, 1907년 9월

시즈오카후지청년회 운동장에서, 1909년 7월

제6장

세계 일주

1908년 3월.

"구루시마 선생님! 조심해서 다녀오세요!"

"구루시마 군, 약! 약 받아 가게!"

"구루시마 선생님 만세!"

"우리 아버지, 만세!"

보슬비가 부슬부슬 내리는 신바시(新橋)역의 플랫폼은 배웅하러 나온 사람들로 인산인해를 이루었다. 오른손을 치켜들고 이리로 잠깐 오라는 듯 손짓하고 있는 이와야 사자나미(巖谷小波), 머리 위로 올린 손을 크게 좌우로 흔들고 있는 마쓰무라 해군 소좌(松村海軍少佐), 커다란 약봉지를 건네주는 후지사와 아사지로(藤澤浅二郎, 배우, 타케히코가 여행 중 도쿄아동극협회를 맡아 운영함), 유럽 각지의 청년회 간사에게 보내는 소개장 한 묶음을 건네는 도쿄기독교청년회의 이사와 서기, 사람들의 어깨 사이로 손수건을 흔드는 구로다 코잔(黒田湖山), 목청껏 만세를 외치고 있는 7살이 된 첫째 딸 후쿠코(福子) 등 모두가 세계 일주 여행을 떠나는 타케히코를 배웅하고 있었다. 기차가 움직이기 시작하자 누군가가 생후 45일 된 둘째 딸 후지코(不二子, 1908년 2월 2일생)를 높이 안아 올렸다.

3월 18일, 그렇게 신바시역을 떠난 타케히코는 요코하마(横浜)역을 경유해 드디어 부두에 도착했다. 부둣가에는 타케히코가 미리 부탁해 놓은 악단이 흥겹게 연주를 하며 분위기를 고조시키고 있었다. 타케히코는 이곳 부두에서 작은 증기선을 타고 바다로 나가 1만 4천 톤의 증기선 몽고리아호로 갈아탔다.

타케히코가 참가한 이 96일간의 민간인 최초 세계 일주 관광 여행은 《아사히신문(朝日新聞)》이 기획하고 영국 대표 여행사인 토마스 쿡이 맡았다. 이 여행에는 간토(関東, 관동 지방)에서 18명, 간사이(関西)에서 38명으로 총 56명이 참가했고 이 참가자들을 '세계 일주회(世界一周会)'라고 불렀다. 간사이 기타하마(北浜)의 투기꾼(相場師, 실물 거래를 하지 않고 시세의 변동을 이용하여 매도가와 매수가의 가격 차이에서 발생하는 차금으로 이익을 얻는 직업을 가진 사람)과 그들의 가족, 섬유업계, 개인 은행가, 시계나 귀금속 상인 등, 당시 눈부시게 성장하고 있던 직종의 사람들이 주로 참가했다. 여행 경비가 1인당 2천3백40엔, 현재의 화폐가치로 무려 1천1백70만 엔이나 하는 값비싼 여행이었기 때문이다.

《아사히신문》이 기획한 만큼 도쿄 아사히신문사에서 스기무라 소진칸(杉村楚人冠, 신문기자 겸 시인)이 참가하고 오사카 아사히신문사에서 쓰치야 모토사쿠(土屋元作, 신문기자 겸 작가)도 참가했다. 타케히코는 통역 및 스텝으로 이 여행에 참가할 수 있었는데 같은 오이타현 출신의 쓰치야 모토사쿠가 타케히코의 출중한 영어 실력과 유니크함을 높이 평가해 추천해 준 덕분이었다. 이 세 명 외에도 언론인으로서는 이데 사부로(井出三郎)가 참가했다. 이데 사부로는 1898년 동아동문회(東亜同文会)의 상하이 지점장에 취임해 타케히코가 상하이에 건너간 1900년에 상하이에서 신문《東文滬報》을 간행하고 있던 인물이다.

선실은 2인 1실의 1등 선실이었다. 서른 살의 젊은 나이로 현재의 화폐가치 300억 엔 이상의 자산가가 되어 있던 노무라 토쿠시치(野村徳七, 노무라은행의 설립자, 1878~1954)는 승선한 첫날에 특별실이 비어 있다는 소리를 듣자 500엔의 추가 요금을 지불하고 다카쿠라 토헤이(高倉藤平)와 함께 방을 옮겼다. 특별실은 넓고 식당에서도 가까워서 저녁 식사를 마친 후에는 모두가 이 방에 모여서 놀았다. 타케히코는 노무라와 금방 친해졌다. 에너지 넘치는 두 사람은 서로 말도 잘 통했지만 특히 노무라는 남의 말을 잘 듣고 실천에 옮기는 데 주저함이 없는 뛰어난 행동력의 소유자였다. 둘은 매일 밤 시간 가는 줄 모르고 이야기꽃을 피웠다.

출항하고 5일간은 날씨가 나빠서 뱃멀미로 힘들어하는 회원이 속출했지만 3월 24일, 드디어 화창하게 맑은 날이 찾아왔다. 그러자 타케히코는 햇살 아래서 몸을 움직여야 한다며 이름하여 '갑판 운동회'를 제안했다. 덕분에 동승한 여러 나라 사람들도 참가해 약 3백 명 정도가 갑판 위에 모였다. 이 운동회는 집행위원을 자처한 타케히코의 지휘에 따라 3일 연속 진행되었다. 일본에 있었으면 점잖을 빼고 앉아 있었을 이름난 사람들이 갑판 위를 한 발로 낑낑거리며 뛰어다니거나 높이 걸쳐 놓은 둥근 막대에 마주 보고 걸터앉아 베개로 서로를 사정없이 때리며 어린아이처럼 장난스럽게 노는 모습에 갑판 위는 말 그대로 하하 깔깔 햇살 같은 웃음이 터지고 있었다. 덕분에 나머지 여정도 즐거운 분위기로 진행되었다.

3월 27일, 하와이의 호놀룰루에 도착한 일행은 시내 관광 후 알렉산더 영 호텔에서 만찬회를 가졌다. 식사 중에 타케히코는 토마스 쿡 회사의 크로슨을 회원들에게 소개했다.

"여러분, 크로슨이라는 이름은, 일본인들에게는 대단히 발음하기 힘든 이름입니다. 앞으로는 그냥 오지상(아저씨)이라고 부르기로 할까요?"

재치 있는 타케히코의 제안에 모두 박수갈채를 보내며 "오지상, 고마워요!"를 외쳤다.

다음 날엔 호놀룰루를 떠나 4월 1일을 배 안에서 맞이했다. 이때까지 일본에서는 만우절에 대한 개념이 거의 없었는데 마침 아침 식사 자리에서 스기무라 소진칸(杉村楚人冠)이 이 'April Fool's Day(만우절)'에 대해서 설명을 하고 난 뒤 오전 내내 선실 여기저기에서 "어머 깜짝이야!", "또 속았네!"라는 소리와 웃음이 끊이질 않았다.

 제일 크게 당한 것은 타케히코였다. 빗자루를 시체처럼 만들어서 타케히코가 식사를 하러 간 사이에 침대 안에 몰래 넣어둔 것이다. 무려 8명이 합작해서 만든 서프라이즈였다. 타케히코는 역시 기대를 저버리지 않는 큰 리액션으로 모두를 즐겁게 했다.

 항해 중, 일주회(一周会)의 유쾌한 활동은 계속 이어졌다. 하루는 쓰치야 모토사쿠(土屋元作)가 툭 던진 말이 계기가 돼서 연극을 공연하기로 했다. 배 이름인 몽고리아호에서 따서 '몽고 극단'이라 이름 짓고 '몽고 극단 남녀 합동 대연극'이라는 간판까지 걸고 〈가나데혼추신구라(仮名手本忠臣蔵, 무사가 의리를 지키기 위해 주군의 복수를 대신하는 이야기)〉를 연기하기로 했다. 56명 전원이 한 가지씩 배역을 맡았는데 가장 잘해서 박수를 많이 받은 사람은 우메하라 류코(梅原柳子)와 노무라 토쿠시치(野村徳七)였다.

 일본은 결혼을 하면 아내가 남편의 성을 따른다. 이 점에 착안

한 타케히코는 4월 3일, 샌프란시스코에 상륙하자, 노무라 토쿠시치(野村德七)와 노무라 미치코(野村美智子)가 부부라고 장난으로 떠들고 다녔다. 이 소문을 전해 들은 미치코의 남편 노무라 요조(野村洋三, 요코하마 사무라이상회 주인)의 지인이 노무라 요조 부부가 왔다고 생각하고 일부러 인사를 하러 찾아오는 해프닝도 있었다. 세계 일주 여행에는 노무라 요조는 참가하지 않고 부인 미치코만 참가했다.

4월 5일 일주회 일행은 샌프란시스코에서 페리를 타고 오클랜드로 건너가 솔트레이크를 관광했다. 다만 상륙했을 때 배에서 바로 꺼내 오지 못한 짐이 세관에 뒤늦게 도착했기 때문에 일행이 관광을 하는 동안 타케히코는 세관에 가서 절차를 밟고 짐을 찾았다. 8일에는 로키산맥을 지나 다음 날 시카고에 도착했다. 이어 12일은 열차를 타고 밤새 달려 다음 날 나이아가라 폭포를 구경하고 14일, 보스톤에 도착했다. 15일은 하버드 대학교를 견학하고 19시 프로비던스 증기선을 타고 다음 날 워싱턴에 도착, 화이트하우스 등을 둘러보고 찰스 W. 페어뱅크스 부통령과 면담했다. 다음 날은 프랭클린 D. 루스벨트 대통령과도 면담했다. 이 미국 여행은 이어서 4월 19일 일요일 16시, 뉴욕에 도착했다.

다음 날 오전에는 다운타운을 둘러본 뒤 증권 거래소 내부를 참관했다. 노무라 토쿠시치(野村德七)와 다카쿠라 토헤이(高倉藤

쭈)와 같은 투자자들의 관심은 오로지 이곳에 있었다. 23일, 일행은 증기선 제도릭호를 타고 영국으로 향했지만 노무라와 다카쿠라 그리고 미나미 쿠마오(南熊夫) 세 명은 뉴욕에 남아 28일까지 증권 거래소를 시찰하고 런던에서 일행과 합류하기로 했다. 특별히 노무라는 브로드 스트리트의 증권 거래소 안에 런던 시내로 연결되는 직통 전화가 몇 대나 설치되어 있어 10분마다 런던 증시와 연락을 취하고 있는 점, 완벽하게 정리된 조사부의 통계자료를 미국 재무부에서도 그대로 이용하고 있다는 점 등에 크게 놀라 밤에도 잠을 설칠 정도로 흥분했다.

5월 12일 일행은 런던을 떠나 파리로 향했지만 노무라 등 세 명은 런던에 남아 시찰을 더 하기로 했다. 결국 이 세 명은 일행보다 50일 늦게, 8월 10일에 귀국했다.

한편 파리에 도착한 일행은 에펠탑과 루브르 박물관, 노트르담 대성당, 베르사유 궁전 등을 관광하고 5월 17일, 침대 열차를 타고 파리를 뒤로했다. 다음으로 제노바를 지나 로마에 도착해서 콜로세움과 바티칸 미술관들을 관광하고 나폴리, 폼페이, 베네치아, 밀라노, 프랑크푸르트, 베를린을 거쳐 6월 2일, 침대 열차로 러시아 국경 역을 통과했다. 그렇게 열차는 계속 달려 페테르스부르크, 모스크바를 지나 10일, 첼랴빈스크에서 시베리아 횡단 철도를 탔다. 이제 세계 일주 여행도 막바지를 향해 달리고 있었다.

12일 21시, 크라스노야르스크역 한 정거장 앞의, 이름도 모르는 작은 정류장에서 갑자기 기차가 멈춰 섰다.

"종을 칠 때까지는 기차에서 내려도 된대요."

"아이고~ 허리 좀 펴고 와야겠다."

"밤 아홉 시인데 여긴 이렇게 밝구나."

"둑이 있네? 어? 구루시마 군이 벌써 올라가 있잖아?"

"그럼 어디, 나도 한번 올라가 볼까?"

일행은 누가 먼저랄 것도 없이 둑 위를 향해 달음박질치기 시작했다. 둑 위까지 한숨에 올라간 사람도 있고 도중에 데굴데굴 굴러떨어지는 사람도 있다. 겨우 반 정도까지 가서 위에 있는 사람 손을 잡고 올라가는 사람에 기모노를 입은 불편한 차림에도 아랑곳하지 않고 오르는 여자들까지 모두가 둑 위를 향해 열심히 오르기 시작했다. 그렇게 둑 정상에 우뚝 올라서니 눈 아래로 파란 시베리아 평야가 끝도 없이 펼쳐졌다. 타케히코는 두 팔을 펼치고 크게 숨을 들이마셨다.

그때 '땡~ 땡~' 종이 두 번 울렸다. 모두가 서둘러 기차에 올라타자 이번에는 종이 세 번 울린 뒤 천천히 기차가 움직이기 시작했다.

6월 18일에는 우라지오스토크역에 도착했다. 그곳에서 오사카 상선인 호잔마루(鳳山丸)를 타고 21일, 쓰루가(敦賀) 항구에 도착했다. 이후 오전 10시, 쓰루가 호텔에서 아사히신문사 주최의 오찬회가 열려 정오 조금 지나서 해산했다. 3개월여의 긴 여행이 드디어 끝난 것이다. 타케히코는 스기무라 소진칸(杉村楚人冠), 쓰치야 모토사쿠(土屋元作), 이노우에 토쿠사부로(井上德三郞, 이노우에 농장의 설립자) 등 일행 몇 명과 사진관에 들러 기념사진을 찍은 뒤 귀가했다.

도쿄로 돌아온 뒤 며칠이 지났다. 타케히코는 여행 중 통역 겸 스태프로 일하면서 짬짬이 발로 뛰어 수집해 온 각국의 장난감과 아동문화 관련 자료를 하나씩 정리하며 두 눈을 반짝였다. 마치 배고픔 속에서 일용할 양식을 구한 어느 나그네처럼 말할 수 없이 기쁜 포만감이 번지기 시작했다.

세계 일주 여행 중 호놀룰루 영 호텔에서, 1908년 3월 27일

둘째 딸 후지코와

제7장

사와라비 유치원

1908년 10월.

기타큐슈시 모지(北九州市門司)에서 제일 넓은 이나리 극장(稻荷座)이 아이들로 가득 찼다. 10월 15일, 1천5백 명의 아이들 앞에서 타케히코는 〈황금 고양이(黃金の猫)〉라는 이야기를 구연했다. 세계 일주 여행에서 돌아온 다음 달부터 동화구락부(お伽俱樂部)의 월례회인 어린이 행사(동화구연회)와 소년세계강화부(少年世界講話部)의 활동을 다시 시작한 덕분에 이와야 사자나미(巖谷小波)와 함께 동화구연 여행을 떠나는 날이 많아졌다.

가는 곳마다 구름 떼처럼 아이들이 몰려와 목을 길게 빼고 앉아 이야기를 들었다. 오사카에 갔을 때는 귀국한 지 얼마 안 된 노무라 토쿠시치(野村德七)를 만났지만 앉아서 이야기를 나눌 시간도 없이 얼굴만 잠깐 보고 헤어져서 교토(京都), 오카야마(岡山), 히로시마(廣島), 나카쓰(中津), 하카타(博多), 구루메(久留米), 구마모토(熊本)를 순회하며 동화를 구연했다.

23일 동안 이루어진 이 동화구연 행사에는 총 4만 2천 명의 아이들이 모였다. 같은 해 12월 1일에는 도쿄에 일본 최초로 모든 좌석이 의자로 된 서양식 극장, 유라쿠자(有楽座) 극장이 개장해서 매주 토요일과 일요일 그리고 공휴일을 '어린이날(子供デー)'로 정해 타케히코가 하고 있던 어린이 행사와 같이 동화구연과 아동연극을 상연하기 시작했다. 타케히코가 시작한 동화구연과 아동연극이 아동문화의 한 장르로 정착하기 시작한 것이다.

  다음 해 3월, 하코네(箱根)의 도우노사와(塔之澤) 온천에 있는 간스이로(環翠楼) 료칸에서 세계 일주 여행의 1주년 기념행사가 이틀에 걸쳐 열렸다. 모두가 1년 전 꿈같던 세계 여행길의 이모저모를 추억하며 즐거이 담소를 나누던 차에 진행을 마치고 한 귀퉁이에 있던 타케히코가 갑자기 온몸의 힘을 빼고 벌러덩 드러누워 버렸다. 마치 지난해 오늘 그 배 위에 누워 하늘을 바라보듯 시선을 멀리 두고 입가에는 미소를 품고.

  그렇게 잠시 혼자만의 시간여행을 즐기는가 싶더니 갑자기 시끌시끌 주변이 소란스러워졌다. 오시카와 슌로(押川春浪, 소설가)와 요시오카 신케이(吉岡信敬, 와세다대학의 명물 응원단장)라는 두 청년이 들이닥친 것이다. 마라톤 대회에서 돌아오는 길이라는 이 명랑한 두 젊은이 덕분에 잠시 조용해졌던 연회장은 다시 시끌벅적해졌다. 그러자 순간 흥에 겨운 타케히코가 놋쇠 대야를 뒤집어 들고 북을 치듯 두드리며 분위기를 돋우기 시작했고 곧이어 저마다 목욕탕 대야며 세면 대야 등을 가지고 나와 춤을 췄다. 즐거운 밤이었다.

다음 날 아침, 타케히코는 언제 그랬냐는 듯 조용한 얼굴로 노무라 토쿠시치(野村德七)와 마주 앉아 차를 마셨다.

"미국과 영국의 증권 거래소를 둘러보고 정말 놀랐습니다. 우리가 얼마나 시대에 뒤떨어져 있는지 이번에 알았어요. 하나에서 열까지 다 새로 뜯어고쳐야 해요. 조사반을 강화시키고 주식 대중화를 위해서 선전도 하고 인재 양성도 하고. 이 반년 동안 노무라 상점은 대개혁을 했습니다."

"맞아요. 눈을 세계로 돌려야 해요."

"그렇습니다. 저는 이 좁은 일본 땅 안에서 꿈틀대기 싫습니다. 어떻게 해야 세계의 노무라가 될 수 있을까요?"

"그러려면 사람이죠. 사람을 키워야 해요. 가게를 키우려면 먼저 직원을 교육해야죠. 말투, 복장, 예의범절, 사람을 대하는 태도부터 가르쳐야 해요."

노무라는 눈을 반짝이며 자세를 고쳐 앉았다.

"구루시마 선생님, 저희 종업원들에게 교육 강연을 한번 해 주시지 않겠습니까?"

다음 주, 타케히코는 바로 오사카로 달려갔다. 스무 명 남짓한 노무라 상점 전 종업원들을 대상으로 강연회를 열기 위해서다. 그리고 종업원들의 부인들만 따로 모아 육아에 관한 강연회도 열었다. 특히 독서가로 알려진 타케히코는 노무라 상점 종업원들에게 독서를 장려하고 일주일에 두 번, '독서 모임'을 열도록 지도했는데 이 독서 모임은 몇 년이나 계속되어 훗날 '노무라 구락부(野村倶楽部)'로 발전했다. 그러나 누구보다도 타케히코의 교육 이념에 공감하고 열중한 것은 노무라 본인이었다. 후일에 노무라 도쿠시치는 자신의 회고록에서 다음과 같이 말한다.

"지금도 아무리 바빠도 5, 6권의 책을 들고 조용한 곳으로 가서 한 며칠 독서에만 전념하는 습관을 이어 오고 있는데 이는 순전히 구루시마 선생님의 가르침 덕분이며 진심으로 감사하고 있습니다."

– 《쓰타카쓰라》 중에서

또한 노무라는 미네 부인이 타케히코 이상으로 아동교육에 대해서 폭넓은 이해와 열정을 가지고 있는 점에 대해서도 깊은 감명을 받았다고 밝히고 있다.

매일같이 아이들에게 동화를 구연하던 타케히코는 이번에는 구연 대상인 아이들에 대해서 연구하고 싶어졌다. 아이들에게 보다 나은 이야기를 들려주기 위해서는 말하는 기술만 연마할 것이 아니라 아이들의 마음을 제대로 알아야 한다고 생각

한 것이다. 우선 이 아동심리의 연구 재료로서 장난감에 관심을 가지고 지방을 방문할 때마다 그 지역에 전해져 내려오는 향토 장난감을 모으기 시작했다. 그러나 여기서 그치지 않고 당시 '장난감 박사(おもちゃ博士)'라고 불리던 시미즈 세이후(清水晴風, 1851~1913)나 민속 연구가인 니시자와 센코(西澤仙湖, 1864~1914)와 교류하며 장난감 연구 모임인 '쇼니카이(小児会)'를 조직하기도 했다.

이런 노력 덕분인지 교류가 있던 민속학자 야나기다 쿠니오(柳田國男, 1875~1962)가 논문을 쓸 때는 연구 재료를 제공할 만큼 타케히코가 수집한 향토 장난감은 방대한 양이 되었다. 다만 어려움도 있었다. 그것은 가설만 가능할 뿐 실증적 자료를 축적하기가 어렵다는 것이었다. 실제로 장난감을 통해 아동의 심리나 발육 상태를 연구하기 위해서는 각 유치원을 대상으로 설문조사를 제대로 진행해야 하는데 번번이 제대로 된 답변을 얻기가 쉽지 않았다. 이런 과정 속에서 결국 타케히코는 큰 결심을 하게 된다. 그것은 직접 유치원을 만드는 것이었다. 사실 이 꿈은 오사카 매일신문사에 다니던 시절, 〈유치원〉이라는 칼럼을 만들 정도로 항상 머릿속에 그려 왔던 것으로 아동교육의 장이요, 보루로서 유치원의 중요성을 누구보다 인지하고 있었기 때문이다. 다만 자금이 문제였다.

그러나 꿈을 꾸는 자에게는 길이 열리는 법이던가, 여러 방면에서 협력자가 나타났고 누구보다도 노무라 토쿠시치가 앞장서서 거액의 자금을 지원해 주었다.

　유치원의 이름은 일본에서 가장 오래된 정사(正史)인 《일본서기(日本書紀)》에 나오는 지이사코베노스가루(少子部蜾蠃)가 육아의 신이라는 점에서 따와 '지이사코베(少子部)'로 하려고 생각했으나 최종적으로는 '사와라미(早蕨)'로 결정했다. 메이지 천황의 여관(女官), 야나기와라 나루코(柳原愛子, 다이쇼 천황의 생모)의 관명(官名)이었던 '사와라미노 스케(早蕨の典侍)'의 '사와라미'에서 따온 이름이었다. 미네 부인이 '사와라미노 스케'에서 일했던 적이 있어서 그 인연으로 야나기와라 나루코의 허락을 받고 유치원의 이름으로 한 것이다.

　특히 야나기와라 나루코의 조카가 야나기와라 뱌쿠렌(柳原白蓮, 다이쇼 삼대 미인의 한 명으로 꼽히는 여류 시인)인데 이 뱌쿠렌과도 타케히코는 교류가 있었다. 또한 뱌쿠렌의 오빠인 야나기와라 요시미쓰(柳原義光) 백작은 동화구락부의 회장을 맡았던 인물이었다.

　어쨌든 유치원 초창기에는 히라가나로 표기하는 등 '사와라미'라는 발음을 강조했으나 이 '早蕨(어린 고사리라는 뜻)'라는 한자가 원래 '사와라비'로 읽히는 한자라서 시간이 갈수록 타케히코 부부의 의지와는 상관없이 '사와라비 유치원'이라는 이름으로 정착되었다. (저자도 편의를 위해 이후 '사와라비'라고 표기한다.)

1910년 5월 5일, 도쿄 센다가야마치(千駄ヶ谷町) 온덴(隠田) 4번지(현 시부야쿠)에 '동화구락부 부속 사립 사와라비 유치원'이 개원했다. 일본에 '유치원령'이 제정된 것은 1926년의 일로 무려 15년은 앞서 본격 사립 유치원을 연 것이다. 물론 사와라비 유치원 외에도 일본 전역에 유치원들이 일부 있기는 했으나 겨우 4백여 곳에 불과했으며 그 시스템과 시설 면에서도 사와라비는 '최초'의 이름을 얻을 만한 부분이 많았다. 특히 중요했던 것이 교사 채용이었다. 당시로서는 본격 '아동 보육사'를 채용하는 것이 흔치 않았는데 타케히코는 도쿄 여자 사범학교의 보모(현 유치원 교사) 양육소를 졸업한 보육사를 채용하며 아동교육의 전문성을 추구하려 각별히 노력했다.

유치원 개원과 함께 내건 보육의 2대 목표는 '개성의 존중'과 '공동체 문화 조성'이었다. 아동 한 명 한 명의 개성을 존중하며 함께 살아 나가기 위한 조화를 중요하게 생각한 것이다.

실제로 타케히코가 지향한 교육 이념은 '서로 의지하고 서로 도우며 함께 살아 나가자'라는 의미의 '모모타로주의'에 집약되어 있다. '모모타로'는 일본에서 가장 유명한 옛날이야기인데 모모(桃, 복숭아)에서 태어난 모모타로라는 남자아이가 강아지, 원숭이, 꿩과 같이 자신과 다른 이들과 함께 힘을 합쳐 마을 사람들을 괴롭히는 도깨비를 물리친다는 이야기다.

개띠로 개를 유난히 좋아하기도 했던 타케히코는 특히 이 '모모타로주의'를 상징하는 강아지 그림 마크 '이누하리코'를 유치원의 심벌마크로 제작해 원생들의 찻잔과 밥그릇 등 유치원에서 사용하는 거의 모든 아이들 용품에 이누하리코를 새겨 넣었다. 또 유치원 깃발도 만들어 원생들이 등원해서 원내에 있는 동안은 그 깃발을 내걸고 원생들이 돌아간 뒤 원이 문을 닫으면 깃발을 내렸다. 이 의식은 세계 일주 여행으로 미국에 갔을 때 다양한 민족과 인종들이 미국 깃발 아래에서 함께 어우러져 조화롭게 살아가는 모습에서 배운 것이었다. 물론 이것은 사와라비 유치원이 이누하리코가 지켜 주는 안전한 놀이공간이 되기를 바라는 타케히코의 염원이 담긴 의식이기도 했다.

　타케히코는 또한, 사와라비 유치원에 등원하는 원생들은 모두 가슴에 이 강아지 그림 모양의 배지를 달게 했는데 이것은 '지킴이' 의미 외에도 유치원의 일원으로서 공동체 의식을 느끼게 하기 위한 장치였다.

　원생들은 등원한 뒤 날씨가 좋은 날은 모두 정원에 모여 깃발 게양대를 둘러싸듯이 조별로 서서 십여 차례 크게 심호흡을 했는데, 천천히 깊게 숨을 들이마시고 내쉬면서 자신의 몸에 집중하게 하여 유아기에 많은 감기 증상 등도 스스로 알아차리도록 지도하려는 목적에서였다. 이렇게 심호흡을 하고 난 뒤에는 게양대를 향해 자세를 바로하고 〈깃발 게양의 노래〉를 부르며 깃발을 게양했다. 이후 유치원 건물 안으로 들어가서는 모두 모여 먼저 아침 인사를 했다. 그리고 타케히코가 작사한 〈유치원 노래〉를 합창했다. 이후 30분 정도 조례 시간을 가졌는데 이 시간을 중요한 훈육의 시간으로 정하고 타케히코가 매일 동화를 들려주었다.

원생들의 놀이로는 모래밭에서 맨발로 하는 흙 놀이와 같이 상상력과 창의력, 자발성과 협동성을 키울 수 있는 놀이에 중점을 두고 아이들의 정서적인 품성을 길러 주기 위해 노력했다.

사와라비 유치원에서는 또 영어 교육도 실시했다. 오이타 중학교 시절 영어 교사였던 새뮤얼 헤이먼 웬라이트의 부인인 마가렛(Margaret Miller Todd) 여사를 초빙하여 원어민에 의한 영어 교육을 제공한 것이다. 유치원 개원 얼마 뒤에는 이튼 영어 학교도 만들어서 글로벌 유아 교육 프로그램을 실시하는데 1910년이라는 시기를 생각해 보면 대단히 앞서 나간 유아 교육이었다고 하지 않을 수 없다. 또한 촉탁 의사를 따로 두어 수시로 필요한 검진을 받을 수 있도록 조치하고 정기적으로 건강진단을 실시했다. 아이들의 건강 상태와 발육 상태, 질병의 유무를 파악하기 위한 이러한 대처는 현대의 어느 유치원보다 앞서 나간 부분이 있다.

"유치원 교사가 하는 일은 한 인간의 인격의 기초를 키워 나가는 일입니다. 이것은 하느님이 하시는 일만큼이나 고귀한 일입니다."

원장 선생님이 된 타케히코는 유치원 교사들을 한 명씩 둘러본 뒤 말을 이어 갔다.

"장난감이나 운동용품의 구입, 놀이 선택이나 순서 등 모든 것은 여러분들에게 맡깁니다. 여러분들은 최선을 다해서 저를 교육해 주십시오. 원장인 저는 최선을 다해서 여러분들의 의견에 귀를 기울이겠습니다. 다만 딱 한 가지 선생님들께 부탁이 있습니다. 만약 불쾌한 일이 있었다면 지각을 해도 좋으니 유치원 문을 넘어올 때 잊어 주십시오. 유치원 문을 들어설 때는 유쾌하게 웃고 있어 주십시오. 보육(保育)이라는 것은 감응(感應)하는 것입니다. 여러분들의 기분은 그대로 아이들에게 전달되는 것입니다."

한번은 타케히코가 동화구연을 하기 위해 이틀 동안 유치원을 비운 적이 있었다. 다음 날 타케히코를 발견한 원생 아이 하나가 한걸음에 달려왔다.

"원장 선생님, 한 개도 두 개도 어디 갔었어요?"

그러자 타케히코는 "선생님은 한 개도 두 개도 다른 곳에 가서 여러분들하고 같이 못 놀았지만 이제부터 세 개도 네 개도 같이 놀 거예요."라고 대답했다. 어린 유아가 틀린 말을 굳이 일일이 지적하거나 바르게 고쳐서 말하는 것이 아니라 아이와 눈을 맞추어 대화하고 애정 어린 마음을 전달한 것이었다. 유아기의 어린아이들과 대화할 때 가장 중요한 것은 아이들을 믿고 마주하는 마음이라고 생각했던 것이다.

보호자들과의 신뢰도 쌓여 갔다. 입소문이 퍼져 매년 입소하는 아이들이 늘어났고 입소 대기자까지 생겨났다. 1915년 10월에는 요요기(代々木)에 사와라비 제2유치원을 개원했다. 전국 각지에서 참관하러 오는 사람이 끊이지 않았다. 유치원을 참관하고 실습생으로 배우거나 직접 지도를 받은 이들이 자신의 지역으로 돌아가 타케히코가 그려 준 이누하리코(강아지 그림 마크)를 심벌마크로 한 유치원을 설립하기 시작한 것도 이때쯤이었다. 1915년, 후쿠이켄 후쿠이시(福井県福井市)에 오노에(尾上) 유치원이, 1916년, 후쿠이켄 쓰루가시(福井県敦賀市)에 사미도리(早翠) 유치원이, 1924년, 히로시마에 미묘(微妙) 유치원이, 1927년 나가사키에 이나사(稲佐) 유치원이 그렇게 생겼다.

사와라비 유치원은 1945년 3월에 미국 공군이 실시한 도쿄 대규모 공습으로 전소되어 문을 닫을 때까지 많은 아이들을 키워 냈다. 일본을 대표하는 아방가르드 화가인 오카모토 타로(岡本太郎)나, 여배우 호소카와 치카코(細川ちか子), 작가 도이타 야스지(戸板康二), 도쿄급행전철 사장인 고토 노보루(五島昇), 고급 양갱으로 유명한 토라야(虎屋)의 사장인 구로카와 미쓰토모(黒川光朝), 한방 약국인 쓰무라 준텐도(현 주식회사 쓰무라)의 사장 쓰무라 준샤(津村重舎), 일본 최초 여성 변호사이자 재판관인 미부치 카즈코(三淵嘉子) 등, 타케히코의 교육을 받은 사라와비 유치원의 아이들은 사회 각계각층에서 눈부시게 빛나는 어른이 되었다.

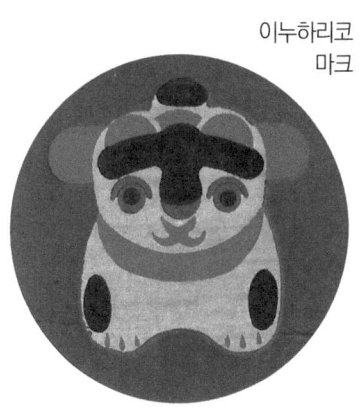

이누하리코 마크

1910년 5월 5일에 개원한 사와라비 유치원

사와라비 유치원에서 오카모토 타로와 타케히코

제8장

미국

1911년 1월.

오전 8시 52분에 시나가와(品川)역을 출발한 동화여행단(お伽旅行団)은 소녀반, 소년반, 청년반으로 나눠 앉아, 떠드는 아이, 노래하는 아이, 소리 지르는 아이들로 정신이 없었다. 이런 와중에 이와야 사자나미(巖谷小波)는 기차에서 신발을 한 짝 잃어버린 것이 42살 '삼재' 때문이라며 "이세진구(伊勢神宮)에 가도 나는 참배하면 안 되겠다."라고 혼잣말로 중얼거리고 있었다. 그 옆에서 동자승 같은 얼굴로 창밖에 내리는 눈을 바라보고 있는 건 도쿄에 온 지 얼마 되지 않은 오오이 레이코(大井冷光, 1885~1921)였다. 타케히코를 스승으로 모시고 싶은 마음에 도야마일보사(富山日報社)를 퇴사하고 온 오오이는 이제 아동문학가로서 동화의 길을 걸어간다는 기쁨에 두 눈을 반짝이고 있다. 오오이는 도쿄에 오자마자 타케히코가 세운 일본 최초의 말하기 연구회인 가이지카이(回字会, 1910년 창단)의 회원이 되었다. '가이지카이'는 동화를 주된 수단으로 삼고 구연하는 방법, 화술 훈련, 발표나 대화, 소통의 기술에 대해서 연구하는 단체였다. 오오이는 '가이지카이'가 무슨 뜻이냐고 물었을 때 정성껏 답해 주던 타케히코의 말을 되새겨 보았다.

"回字라는 글자 그대로예요. 입(口)속에 입(口)이 있고, 입(口) 밖에 입(口)이 있다는 말이죠. 바깥에 있는 입(口)은 코 밑에 있는 우리가 다 아는 그 입(口)이지만, 속에 있는 입(口)은 충실한 정신에서 나오는 소리랍니다. 이건 눈을 통해 나타난다고 생각해요. 눈은 말하는 것과 상당히 중요한 관계에 있지만 상대방 눈을 보고 말하는 문화가 없던 우리 일본인들이 이걸 의식하기란 상당히 어려워요. 어려운 만큼 그것이 가지는 힘은 대단히 큽니다. 우리 일본 사람은 눈으로 읽고 듣는 것만 생각하지 눈으로 말을 하려고 해 본 적은 없어요. 그러나 상대방에게 깊고 강렬한 인상을 주기 위해서는 눈의 힘을 의식하고, 눈으로 말하는 것을 명심해야 해요."

"눈의 힘을 기르기 위해서는 어떻게 하면 되나요?"

"영혼이지요! 수정처럼 맑게 영혼을 닦아 가는 것. 조금이라도 더 나은 사람이 되기 위해서 수행을 하는 길밖에 없다고 저는 생각해요. 생각해 보세요. 동화를 구연한다는 것, 즉 동화를 들려준다는 게 결국은 사람과 사람의 영혼이 직접 부딪히는 거잖아요. 그러니 아이들 앞에 서는 사람은, 동화를 들려주는 행위를 통해서 이전과는 달라져야 하고 그렇게 점점 더 맑아질 수 있는 사람이 아니면 안 된다고 생각해요."

오오이는 마른침을 꿀꺽 삼키고 각오를 다졌다.

타케히코의 집에서 하숙을 하기로 한 오오이는 사와라비 유치원 일을 도우면서 원생들을 대상으로 동화구연을 했다. 이런 시간들이 쌓이면서 성실하고 인품 좋은 오오이를 신뢰한 타케히코는 동화구락부(お伽俱楽部)의 기관지로 창간한 소년잡지 《동화구락부(お伽俱楽部)》의 편집 일을 오오이에게 맡겼다.

6월 10일, 《동화구락부(お伽俱楽部)》 제1호가 나왔다. 각 지역에 조직된 동화구락부의 근황과 활동 현황, 아이들의 읽을거리인 동화, 외국의 문화 정보 등 다양한 소식이 게재됐다. 특히 아직 일본에는 들어오지 않았던 보이스카우트 운동을 이 잡지를 통해서 적극적으로 소개했다.

보이스카우트는 1907년 영국의 육군 장교 로버트 베이든 포우엘(Robert Baden Powell, 1857~1941)에 의해 시작된 청소년 운동으로 유럽 각국에 전파되어 기세 좋은 들불처럼 번지고 있었는데 특별히 미국에서는 1910년부터 유행하기 시작했다.

타케히코는 국가와 인종, 계급과 종교를 초월하여 형제애로 뭉친 범세계적 청소년 운동인 이 보이스카우트가 자신이 지향하는 '모모타로주의'와도 맞닿아 있다고 생각하고 국가사회와 세계 발전에 이바지할 건전한 청소년을 육성하기 위해서 스카우트를 일본에 도입하고 싶다고 생각했다.

그해 여름 미국에서 한 통의 편지가 왔다. 센트루이스로 돌아가 있던 웬라이트가 보낸 편지였다. 시찰도 할 겸 미국에 한번 다녀가지 않겠느냐는 내용이었는데 큰 기회라고 생각한 타케히코는 망설임 없이 미국행을 결심했다.

1911년 9월 26일 타케히코는 15시발 지요마루(地洋丸)를 타고 혼자 미국으로 떠났다. 물론 출발 이틀 전에 미리 문부과학성(文部科学省, 한국의 문화체육관광부에 해당)에서 사회교육조사 위탁의뢰 허가를 받아 놓은 터였다. 그렇게 15일의 긴 뱃길을 지나 드디어 10월 12일, 샌프란시스코에 도착했다.

'좋아, 오늘은 콜럼버스가 북아메리카대륙을 발견한 날이야.'

37살 타케히코는 의욕으로 활활 타오르고 있었다.

도착하고 며칠 뒤, 샌프란시스코 길거리에서 운 좋게도 우연히 보이스카우트 행진을 목격했다. 보이스카우트 시찰을 이번 여행의 주된 목표 중 하나로 세웠던 타케히코는 행진 장면을 사진으로 찍어 소개하는 글과 함께 잡지에 싣도록 일본의 오오이에게 보냈다. 이어서 센트루이스로 이동해 웬라이트 부부와 재회했다. 이곳에서는 웬라이트의 소개로 학교, 도서관, 박물관 등을 시찰하고 미국인 학교와 일본인 학교를 방문해 각각 강연과 동화구연을 했다.

"다들 여기 보세요! 이건 미국 신문인데 원장 선생님이 실렸어요."
"우와! 진짜다! 원장 선생님이다!"
"원장 선생님은 미국에서도 동화구연을 해요?"

타케히코의 활동을 크게 다룬 《센트루이스 타임》이라는 신문이 사와라비 유치원에 도착했다. 원생들에게 둘러싸인 미네 부인과 오오이는 몇 번이고 그 신문을 보고 또 들여다보며 미소 지었다.

11월 15일에는 센트루이스를 떠나 하루를 꼬박 넘겨 무려 27시간 30분 만에 워싱턴에 닿았다. 타케히코는 여기서도 제일 먼저 도서관을 시찰하며 미국의 도서관에는 스토리텔링을 위한 공간이 있다는 사실을 접하고 크게 감탄했다. 그것은 동화구연이 이미 사회교육 제도 안에 포함되어 있다는 방증이었기 때문이다.

다음으로 발길이 향한 곳은 교육 박람회. 타케히코는 이곳에서 처음으로 몬테소리 교구(教具)를 봤다. 이 몬테소리 교구는 2년 전 미국인 조지(George, A. E.)가 이탈리아에서 몬테소리 교원 육성 코스를 수료하고 들여온 것인데 타케히코가 방문했던 시기엔 마침 미국 전역에서 이 몬테소리 교육이 주목을 받으며 유행하고 있었다. 무엇보다 서구의 이 교구가 일본의 놀이기구와는 달리 아이들의 지능 개발을 도와주고 특별히 독립성을 신장시키는 데 큰 도움을 줄 수 있다는 생각에 가슴이 뛴 타케히코는 몬테소리 교구 한 세트를 구매해 일본에 가지고 들어왔다. 이 몬테소리 교구가 일본에서는 가장 오래된 것으로 현재는 나가사키 준신대학(純心大学)에 보존되어 있다.

바쁜 워싱턴에서의 일정을 마치고 17일, 이번에는 필라델피아로 이동해 6일간 머문 뒤 23일엔 뉴욕으로 넘어갔다. 그런데 이 뉴욕 일정을 마칠 때쯤 해서 일이 생겼다. 갑자기 몸 여기저기가 아픈 것 같더니 걸음걸이도 점차 무거워지고 새로운 것을 봐도 흥미가 생기지 않는 것이다. 그뿐만 아니라 아예 밖으로 나가고 싶지도 않고 점차 호텔 방에만 머무는 시간이 길어지고 있었다. 향수병이었다.

그러고 보니 일행도 없이 혈혈단신으로 들어온 이국땅에서의 생활이 벌써 한 달을 훌쩍 넘기고 있었다. 그리고 계절은 늦은 가을이었다. 거리마다 1년의 수고를 다 한 나뭇잎들이 바짝 마른 영혼으로 집을 잃고 헤매고 바람은 스산히 불어오고, 왠지 옷깃을 스미고 불빛이 따뜻한 어딘가로 들어가야 할 것 같은 그런 날. 순간 2층 호텔 방 작은 창문 너머로 멍하니 밖을 내려다보는데 꽃이 잔뜩 실린 수레를 끌고 지나가는 꽃장수가 보였다. 국화꽃이었다. 고향의 가을 길에선 지천으로 흩어져 있던 그 국화꽃이 갑자기 눈물겹게 반가워 타케히코는 비척비척 몸을 일으켜 밖으로 나갔다. 그러고는 꽃 몇 송이를 사 들고 방으로 들어와서는 그 꽃에 얼굴을 묻고 엉엉 울어 버렸다. 그러고 보니 어느새 비용도 다 써 가고 주머니는 헐렁해져 몸의 시름과 별개로 조급해진 마음에도 바람이 숭숭 들고 있었다.

다음 날도 하루 종일 꼼짝도 하지 않고 누워 있는데 손님이 찾아왔다. 세계 일주 여행에서 알게 된 토마스 쿡 회사의 크로슨이었다. 여느 때 같으면 한걸음에 달려 나가 얼싸안고 반가워했을 '오지상(아저씨)'의 방문에도 타케히코는 감흥이 없었다. 그런 타케히코를 침대 옆에 앉아 크로슨은 한참을 말없이 바라봤다.

"타케히코, 모든 사람은 태어날 때 세 가지 힘을 가지고 태어나요. 첫 번째는 돈의 힘이죠. 돈이 있으면 아무리 멍청한 사람이라도 일을 할 수가 있어요. 하지만 안타깝게도 그 힘은 당신과 나한테는 없는 것 같네요. 두 번째는 지위나 명예의 힘이에요. 집안이 좋거나 신분이 높으면 그 또한 엄청난 힘을 발휘하죠. 이것 또한 우리에겐 없죠. 하지만 실망할 것 없어요. 세 번째 힘이 있으니까. 이건 다행히 우리 모두가 가지고 있거든요."

"그게 뭔데요?"

"생각."

"생각이요?"

"That's right. '생각은 힘이다'라는 말이 있어요. 우리 머리는 안 된다고 생각하면 안 되는 이유만 끝없이 알려 줘요. 하지만 '어떻게든 되겠지'라고 생각하면 어떻게든 되는 방법을 알려 주죠. 생각은 남이 줄 수 있는 것도 아니고 남이 만들 수 있는 것도 아니에요. 우리 스스로만이 할 수 있는 것이지요. '나는 내가 생각하는 대로 된다!' 이것만큼 강력한 힘은 없답니다."

가만히 듣고 있던 타케히코의 눈이 점점 크게 열렸다. 그러곤 드디어 생기가 돌기 시작한 두 눈을 들어 크로슨을 향해 환하게 웃어 보였다.

1912년 새해를 뉴욕에서 맞았다. 타케히코는 미스 가나의 초대를 받아 신년 파티에도 참석했다. 그곳에서 만난 미스 레슨이 닥터 와이치라는 동화구연으로 유명한 사람을 소개해 주었다.

"와이치라고 합니다. 저는 사범학교의 교사로 동화구연법을 가르치고 있답니다."

"아이들에게 직접 동화를 구연하시기도 하나요?"

"물론입니다. 많을 때는, 대략 3백 명 정도 모일 때도 있고 지금까지 가장 많이 모였을 때는, 놀라지 마세요, 6백 명이나 모였었죠."

"저도 일본에서 동화를 구연하고 있습니다만, 작년 한 해 동안 23만 명에게 구연을 했네요."

"What? 뭐라고요? 23만 명? 믿을 수 없어요. 동화를 듣기 위해서 그렇게 많은 아이들이 모인다고요? 도대체 한 번에 몇 명 정도의 아이들이 모이나요?"

"작년에 가장 많았을 때가 1만 8천 명 정도 모였어요."

"Oh My God! 일본이라는 나라는 동화의 왕국이군요."

그와의 대화를 통해 타케히코도 놀랐고, 또 알게 되었다. 이번 시찰 여행을 통해서 자신이 이와야 사자나미(巖谷小波)와 함께 개척하고 있는 동화구연 활동이 세계적으로 유례를 찾기 어려운 특수한 발전을 이루어 내고 있다는 사실을 처음으로 알게 된 것이다. 덕분에 지금까지 해 온 모든 일들, 동화를 구연해서 사회교육을 실천하는 것에 대한 확신과 아동교육에 대한 믿음이 결코 틀리지 않았음을 새롭게 깨닫게 된다. 생각이 여기에 미치자 갑자기 마음이 급해지기 시작했다. 앞으로 해야 할 일, 더 많은 동화구연의 현장들을 상상하며 타케히코는 이전과는 전혀 다른 희망으로 가슴이 풍선처럼 부풀어 오르는 것을 느꼈다.

2월 11일, 몽고리아호를 탄 타케히코가 요코하마로 돌아왔다. 137일 간의 미국 시찰 여행이었다. 타케히코가 귀국한 지 두 달 뒤인 4월 15일, 타이타닉호가 침몰했다는 뉴스가 일본에도 전해졌다. 새삼 긴 여행을 무사히 마칠 수 있었다는 사실에 타케히코도 가족들도 다시 한번 두 손 모아 감사했다.

귀국 후, 아동문화 문제, 부인 문제, 일반인들의 교육 문제에 관해서 조사해 온 자료를 정리해 문부과학성(文部科学省)에 제출했다. 그리고 이번 시찰을 통해서 얻은 내용을 글로 풀어 잡지사에 투고했다. 다만 더 많은 원고를 쓰며 연구하고 싶었지만 귀국 직후부터 강연 의뢰가 쇄도해서 책상 앞에 앉아 있을 시간이 도저히 없었다. 결국 사와라비 유치원을 미네 부인에게 맡기고 아이들을 위한 동화구연과 어른들을 위한 강연으로 눈코 뜰 새 없는 나날이 이어졌다. 그러나 아무리 바빠도 사와라비 유치원에서 일주일에 한 번 '원장 선생님의 시간'을 정해 원생들에게 동화를 들려주는 일은 잊지 않았다.

강연을 통해서는, 미국의 사회교육 체제는 일본처럼 각자 따로 기능하는 것이 아니라 다양한 형태의 대중 강연, 도서관, 미술관, 박물관, 동물원, 식물원, 박람회 등이 서로 연계하여 상호 발전을 도모하고 있는 현황을 전달하고 도서관과 박물관의 제도에 대해서 그리고 강연의 필요성에 대해서 강조하곤 했다. 특히 사회교육을 위해서는 사람들을 한자리에 모아서 말로 직접 들려주는 '강연'의 형식이 가장 효과적이라는 점을 강조하고 전문 강사를 육성해야 한다고 호소했다.

당시는 인터넷은커녕 라디오나 텔레비전과 같은 매스미디어도 없던 시절이다. 특히 정보를 전달하는 매체는 신문이나 잡지와 같은 한정된 인쇄물뿐이었다. 그런 상황에서 전국 방방곡곡을 다니며 강연을 해 본 타케히코는 강사의 입을 통해 새로운 지식을 얻고자 갈망하는 사람들이 얼마나 많은지를 체감하고 있었던 것이다. 때문에 그는 '강연'이라는 행위를 일종의 정신적인 사업으로 정의하고, 이 대중 강연이 정보전달은 물론 사회교육을 위해 얼마나 중요한지 강조하며 이를 담당하는 양질의 전문 강사를 육성해서 중앙에서 지방으로 파견해야 한다는 제안도 덧붙였다.

한편 동화구연을 통해서는 '서로 믿기, 서로 돕기, 서로의 다름을 인정하기'라는, 사람과 사람이 더불어 살아가기 위해서 필요한 가르침을 재미난 이야기를 통해 아이들에게 전달하고자 노력했다. 그리고 기회가 있을 때마다 크로슨이 가르쳐 준 '생각은 힘이다'라는 말을 사람들에게 들려주거나 글로 써 줬다. 그러던 어느 날 문득 깨달았다.

'아무리 좋은 생각을 가지고 있더라도 그걸 행동으로 옮겨서 꾸준히 지속하지 않으면 쓸모가 없는 것 아닐까.'

그때부터 '꾸준함이 힘이다'라는 말을 자신의 좌우명으로 삼고 적극적으로 사람들에게 알리기 시작했다. 타케히코가 처음으로 만들어서 쓰기 시작한 '継続は力なり(직역하면 계속은 힘이다)'라는 이 말은 이후 지금까지 일본에서 가장 널리 사용되는 격언 중의 하나가 되었다.

서울에서의 동화구연회, 1915년 10월 11일

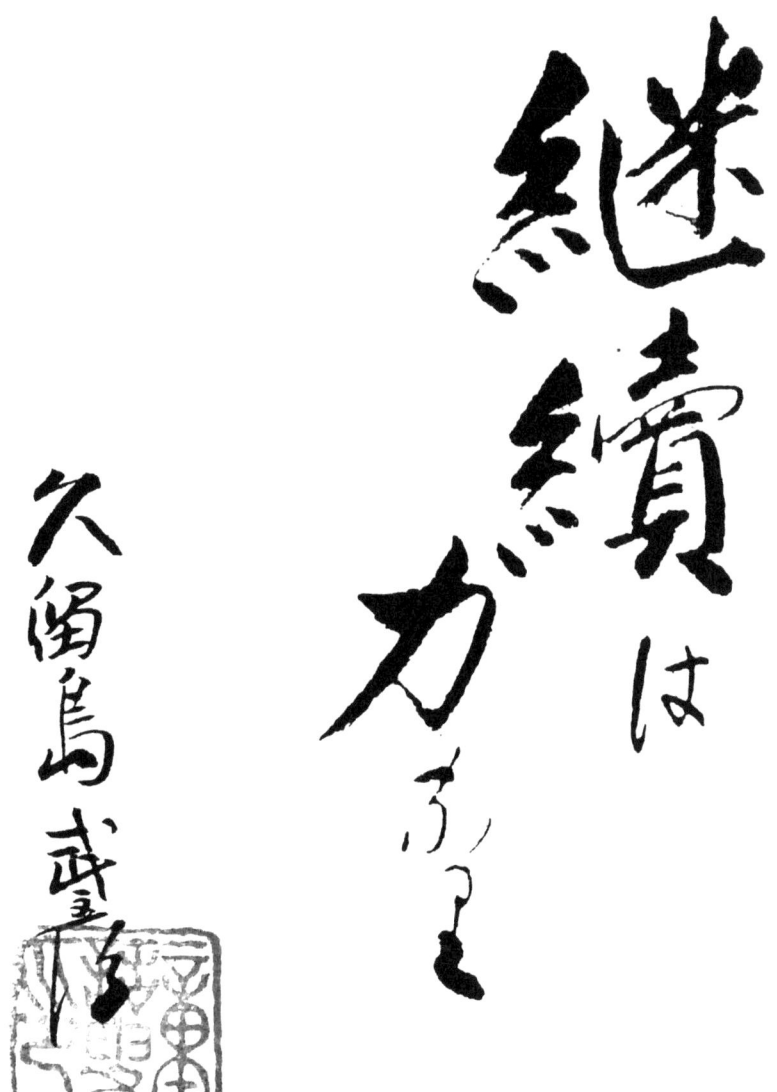

제9장

만주, 대만, 그리고 조선으로

1912년 9월.

"여보, 이것 좀 보세요! 노기 대장님이 순사(殉死)하셨대요. 사모님이랑 같이!"

밥을 먹다 말고 자리에서 벌떡 일어나 젓가락을 든 채로 미네 부인의 손에서 신문을 낚아채듯 쥐어 든 타케히코는 그 자리에 선 채로 신문을 읽어 내려갔다. 메이지 천황의 장례식 날 노기 마레스케(乃木希典) 육군 대장 부부가 순사한 사건이 신문 1면을 가득 채우고 있었다. 신문을 내려놓은 타케히코는 그 자리에 털썩 주저앉았다. 그리고 식탁 위에 차려진 밥그릇과 쟁반으로 시선을 옮겼다. 옻칠 바탕에 금가루로 문양을 그려 넣은 이 밥그릇 세트와 쟁반은 여러 해 전에 노기 마레스케 육군 대장 부부가 선물로 준 것이었다. 특히 화려한 문양이 아름다운 쟁반은 시즈코 부인이 시집을 때 가지고 온 것이라고 했다. 순간 노부부의 온화한 얼굴이 눈에 선했다. 울컥, 뜨거운 눈물이 쏟아졌다.

그날은 1912년 9월 14일, 메이지 천황의 장례식 다음 날 아침이었다.

다이쇼(大正) 천황 시대가 막을 열었다.

1913년 여름, 타케히코는 시마네(島根)에 있었다. 시마네현 마스다쵸(현 島根県益田市)에서 열린 여름 강습회에 강사로 초빙된 것이다. 문제는 아직 기차도 자동차도 없었던 이 마을에 빠르게 달려갈 방법이 여의치 않다는 것이다. 물론 인력거나 마차는 있었지만 그걸 타도 시간에 맞추기가 쉽지 않았다. 하는 수 없이 자전거로 달리기로 했다. 39살의 타케히코는 찌는 듯한 무더위 속에서 10리(약 39킬로) 길을 자전거로 달렸다. 그렇게 온몸이 땀에 젖어 도착해 보니 강연장은 이미 사람들로 꽉 차서 발 디딜 틈도 없었다. 그래도 늦지 않은 것이 어딘가. 한숨 돌릴 시간도 없이 바로 강단으로 뛰어 올라갔다.

다음 날은 지역 소극장에서 아이들을 위한 동화구연회가 열렸다. 행사가 다 끝나고 대기실에서 짐을 챙겨 나가려는데 저 멀리서 흙먼지를 풀풀 날리며 바삐 걸어오는 아이들 무리가 보였다. 옆 마을에서 걸어온 소학교 학생 30명이었다. 그런데 흙먼지로 까매진 얼굴의 아이들이 강연장 근처로 오자 급하게 얼굴에 그늘이 진다. 이미 행사가 끝나고 돌아가는 친구들의 모습을 본 것이다. 그 모습을 본 타케히코는 손짓으로 아이들을 불렀다.

"이리로 오렴."

순간 땀범벅이 돼 낙담한 듯 어깨를 축 늘어뜨리고 있던 아이들이 쪼르르 타케히코 앞으로 달려왔다. 모두가 맨발이다. 동화를 듣겠다고 이렇게 맨발로 먼 길을 걸어왔구나 생각을 하니 갑자기 가슴 끝이 찌르르 먹먹해지는 것이 가엽고도 기특한 마음이 들었다.

"얘들아, 와 줘서 고맙다. 자, 이리로 다 모여 보렴."

타케히코는 아이들을 무대 뒤로 데리고 가 재미난 이야기를 한바탕 들려줬다. 그렇게 동화구연이 모두 끝나자 먼지투성이 30명 아이들의 표정이 갑자기 해처럼 밝아졌다. 함박웃음을 웃는 아이, 꿈꾸듯 살며시 미소를 띠운 아이, "나중에 또 해 주세요."를 애교스럽게 외치는 아이 등등 녀석들은 돌아가는 걸음 속에도 꿈이 실린 듯 팔랑팔랑 나비처럼 가볍게 강연장을 나섰다.

이런 타케히코의 모습을 옆에서 지켜보며 감동을 받은 오카자키 히사요시(岡崎久喜, 마스다쵸 소학교 교장)는 이날 타케히코의 제자가 되어 동화구연의 길을 가리라 마음먹는다. 그는 훗날 일본동화협회 특별회원 강사 지부장으로도 활동했다.

1914년 6월, 제1차 세계대전이 발발했지만 타케히코는 동화구연 활동을 계속 이어 나가며 9월에는 아예 만주로 구연 여행을 떠나기도 했다. 당시 만주의 다이렌(大連) 소학교에서 열린 동화구연회에는 모두 3천 명이 넘는 아이들이 모여 대성황을 이뤘는데 사실 이 만주로의 구연여행은 이번이 처음이 아니었다. 첫 여행은 1910년 9월로, 만철지질연구소(滿鉄地質硏究所) 소장을 하고 있던 군대 동기, 기도 추타로(木戸忠太郎)의 초대를 받아 역시 다이렌을 중심으로 활동했는데 그때도 매회 많은 아이들이 찾아와 하루 평균 3회의 구연을 하며 만주 일대를 순회했었다.

만주에서 돌아온 1914년 11월 1일에는 하코네(箱根)의 기노쿠니야(紀伊国屋) 온천에서 가바야마 스케노리(樺山資紀, 해군대장, 초대 대만 총독)를 면담하고 가바야마의 어린 시절과 그의 교육관에 대해서 인터뷰했다.

다음 해 2월에는 동양협회(東洋協会)의 촉탁으로 대만의 산업과 교육, 교통, 위생 등을 조사하기 위해서 대만을 다녀왔는데 1년 뒤인 1916년에는 아예 국가 단위로 남양시찰단(南洋視察団)이 조직되어 일반인들의 신청을 받게 되는 바람에 좀 더 많은 사람들과 시찰 활동을 진행할 수 있었다. 이때 참여한 인원들은 모두 61명으로, 다카기 토모에(高木友枝, 의학자), 쓰보야 스이사이(坪谷水哉, 하쿠분칸의 편집자), 우키타 코우지(浮田郷次, 바타비아 공화국 영사) 등이었다. 물론 타케히코도 노무라 토쿠시치(野村徳七)와 니도베 이나조(新渡戸稲造, 사상가이자 농경제학자) 등과 함께 일반인으로 신청하여 참여하게 된다.

이 시찰 여행은 4월 14일부터 약 두 달여에 걸쳐 진행되었는데 첫날 시모노세키(下関)를 출발해서 기륭(基隆), 타이페이(台北), 자이(嘉儀)를 돌아 25일 가오슝(打狗)항을 나왔다. 이어서 필리핀, 보르네오, 술라웨시, 자바섬, 말레이반도, 인도, 싱가포르를 시찰한 뒤 홍콩을 경유해서 6월 22일 고베로 돌아왔다. 그 후 타케히코가 다시 대만에 간 것은 1928년 9월로 대만 교육회 및 애국 부인회의 초청을 받아 동화구연회와 강연회를 열기 위해서였다. 그 뒤에도 1935년 10월에 한 번 더 대만 시정 40주년 기념 박람회를 시찰하기 위해서 요시다 하츠사부로(吉田初三郎, 조감도 화가) 등과 함께 대만을 방문하는데 이 여섯 번째 방문이 마지막 대만 방문이 되었다.

1915년 2월.
동양협회의 촉탁으로 대만을 방문했던 타케히코는 그해 가을, 이번에는 한반도로 향한다. 러일전쟁에 참전하기 위해 인천에 도착했던 때로부터 정확히 10년 만의 방문이었다. 당시 조선을 방문한 이유는 동양협회 조선지부 총회에서 강연을 하기 위해서였다. 그런데 도착해 보니 경성(현 서울)이 온통 와글와글 사람들로 넘쳐 나는 것이다. 경성의 매일신보사와 경성일보사가 공동 주최한 가정박람회 때문이었다(1915년 10월). 마침 잘됐다 싶어 9일 오후 4시의 강연회를 부리나케 끝내고 바로 박람회가

개최되고 있는 매일신보사로 달려갔다. 특히 가정박람회에는 이와야 사자나미(巖谷小波)가 발명해서 보냈다는 미끄럼틀(すべり山)과 덴덴북(でんでん太鼓)이라는 놀이기구가 설치되어 큰 인기를 끌고 있었다. 그러나 이 관람객들 외에도 매일신보사 뒤뜰에서 열릴 다른 이의 가정강연회에 참여하려는 이들까지 섞여 박람회장은 가히 인산인해를 이루고 있었다. 그렇게 정신이 없는 통에 어디선가 타케히코를 부르는 소리가 들렸다.

"저… 죄송한데, 혹시 동화 하시는 구루시마 선생님 아니세요?"

"그렇습니다만."

"역시 그러시군요! 저는 매일신보사 직원입니다. 저, 무례한 부탁인 줄 압니다만, 지금 인천 소학교 학생들이 모여 있거든요. 모처럼 이렇게 오셨으니 이 아이들에게 동화를 하나 들려주실 수 없으실까요?"

"인천이라고요? 인천은 10년 전에 제가 총을 둘러메고 있던 시절에 처음으로 상륙했던 곳이라 잊지 못할 장소죠. 인천에서 온 아이들이라니 저도 만나 보고 싶네요."

동화구연으로 유명한 타케히코가 왔다는 소리에 주최 측 움직임이 바빠졌다. 경성일보사의 감독인 도쿠토미 소호(德富蘇峰, 1863~1957)의 인사말이 있은 뒤 연단에 올라선 타케히코는 〈인간의 수명〉이라는 이솝우화를 들려주었다. 타케히코가 즐겨 구연했던 이 〈인간의 수명〉은 신이 세상을 만들 때 동물의 수명을 어떻게 정해 줬는지에 대한 이야기다.

처음에 신은 모든 동물의 수명을 공평하게 30년으로 정하려고 했다. 그런데 말에게 물어보자 인간에게 혹사당하는 자신의 삶을 한탄하며 30년은 너무 기니 수명을 줄여 달라고 애원하는 것이다. 그래서 말에게는 15년의 수명을 주었다. 다음으로 개에게 물어보니 강아지 때는 인간들이 귀여워해 주지만 나이가 들어서 털이 빠지고 몸이 약해지면 쳐다봐 주지 않는 고달픈 삶이니 역시 30년은 너무 길다며 수명을 줄여 달라고 애원했다. 그래서 개에게는 17년을 주었다. 다음으로 원숭이에게 물어보니 원숭이는 신이 자신을 만들 때 붉은 흙으로 얼굴을 만들었기 때문에 얼굴색이 붉고 주름투성이라 놀림을 받고 어금니가 없어 음식을 먹기도 힘드니 자신도 30년은 길다며 수명을 줄여 달라고 애원했다. 그래서 원숭이에게는 18년의 수명을 주었다.

마지막으로 인간에게 물어보니 인간은 30년이 너무 짧다고 하소연한다. 그래서 말의 15년, 개의 13년, 원숭이의 12년을 합한 40년을 인간에게 선물했다. 덕분에 인간의 수명은 70살이 되었다. 인간이 본래 자신의 수명인 30년을 산 뒤에는 말에게서 받은 15년간 말처럼 일하고, 45살부터는 개한테 받은 13년간 털이 빠지고 몸이 약해져서 점점 바깥출입이 힘들어지다 결국은 집에서만 생활하게 된다. 그렇게 58살이 된 뒤로는 원숭이한테 받은 12년간 얼굴이 원숭이처럼 주름지고 붉어지며 음식도 원숭이처럼 오물오물 먹으며 일생을 끝내게 된다. 그리고 이 70살보다 더 오래 살게 된 사람은 '고희연'이라 하여 잔치를 열어 축하해 준다는 이야기다. 다만 조선에는 원숭이가 없는 점을 고려해서 원숭이 대신 고양이를 등장시켜 이야기를 했다.

  이렇게 우연찮게 개최된 경성 최초의 동화구연회가 끝나자 경성일보사는 바로 다음 날인 10일과 11일 이틀간 타케히코의 동화구연회를 열기로 결정하고 신문에 광고문까지 냈다. 두 번째 동화구연회는 아침부터 몰려든 아이들로 북새통을 이루었다. 세 번째 동화구연회는 더 많은 아이들이 몰려들어 장내 정리를 위해 순사들까지 열 명 넘게 동원될 정도였다. 이날은 특히 2천 명이 넘는 아이들이 몇 겹씩 줄을 지어 타케히코가 올라선 연단을 에워싸는 진풍경이 펼쳐지기도 했다.

  이 이틀 모두 타케히코는 〈노기 대장의 화로〉라는 이야기를 했다. 이 이야기는 노기 대장(노기 마레스케 육군 대장)의 가정교육에 대한 것이다. 노기 대장은 늘 '절대 사치하지 마라. 사치만큼 사람을 바보로 만드는 것도 없다'라는 말을 입에 달고 살 정도의 절약가였다. 아무리 추운 날이라도 노기 대장은 집 안에서 화로를 사용하지 않았다. 심지어 두 아들이 춥다고 하면 씨름을 하게 했는데 한바탕 씨름을 하며 몸을 움직이던 아이들이 덥다며 옷을 벗으면 "그것 보렴, 너희들은 너희 몸속에 이미 화로를 가지고 있단다."라고 일깨워 줬다는 이야기다.

돈을 벌기 위해 조선으로 이주해 온 재조선 일본인들의 아이들을 대상으로 한 타케히코의 이 이야기는 어려운 상황 속에서도 소극적으로 움츠리거나 의기소침해하지 말고 밝고 힘차게 살아 내는 것이 얼마나 중요한지를 전하고자 한 것이었다.

타케히코는 이렇게 3일 연속 경성에서의 동화구연회를 시작으로 여러 행사에 초청받게 되면서 예정에 없던 조선 팔도 순회 동화구연회를 이어 가게 된다. 또한 이 활동이 계기가 되어 타케히코의 추천을 받은 오오이 레이코(大井冷光)를 선두로 가이지카이(回字会) 멤버들까지 하나둘 조선으로 넘어와 동화구연 활동에 참여하게 된다. 또한 이들 중 타케히코의 제자인 사다 요시히로(佐田至弘)는 보다 본격적인 활동을 위해 1918년에 조선아동협회와 동심사(童心社)를 설립했으며, 타케히코를 고문으로 하는 가이지카이(回字会) 조선지부를 설립하고 일본 각지의 가이지카이 멤버를 초청해 동화구연회를 열기도 했다.

이 외에도 이와야 사자나미(巖谷小波), 기시베 후쿠오(岸邉福雄), 아베 스에오(安倍季雄), 오키노 이와사부로(沖野岩三郎), 후카세 카오루(深瀬薫), 고이케 타케루(小池長) 등 저명한 동화구연가들이 조선을 방문해 활동을 했지만 가장 많이 조선을 찾아 정열적으로 활동을 펼친 이는 역시 타케히코였다. 저자가 확인한 것만 해도 총 열한 차례 조선을 찾아 동화를 구연했다. 그는 거기서 그치지 않고 조선을 소재로 한 동화 작품도 만들었다. 이

때 그가 쓴 대표적 작품은 조선의 호랑이를 모티브로 한 동화로, 〈호랑이 밥통 학교(虎の胃袋学校)〉(1915년)와 〈아무것도 모르는 아기 호랑이(解らぬ虎の児)〉(1925년)다.

타케히코가 이렇게 조선의 호랑이를 모티브로 한 작품을 쓰게 된 것은 그 당시 조선의 호랑이 사냥 등과도 관련이 있다. 그가 방문했던 1915년, 조선에서는 대대적인 호랑이 사냥이 일제에 의해서 이루어지고 있었다. 경찰관과 헌병 3천3백21명, 공무원 85명, 사냥꾼 2천3백20명, 몰이꾼 9만 1천2백52명이 동원되어 1915년에서 1916년 사이에 대대적 사냥이 시작돼 모두 24마리의 호랑이가 포획되었다.

야생의 공포와 두려움을 대표하는 맹수이자 우리나라를 대표하는 동물이기도 한 호랑이는 옛날부터 우리 문화 깊숙이 자리 잡은 신앙의 대상이기도 했다. 실제로 단군신화, 고구려 고분벽화 사신도 등에 등장하며 오랜 시간 한민족과 함께해 온 호랑이는 우리 민족에게는 상당히 복합적 의미를 갖게 하는 동물이었는데 이 호랑이를 대대적으로 사냥했다는 것은 사실 그 이면을 좀 더 들여다볼 필요가 있다. 학자들에 따라서는 단순한 위험 동물 사냥 차원이 아닌 민족의 정기를 죽이려는 의도가 있었다는 설도 있기 때문이다. 그렇게 때로는 두려움의 대상이기도 하고 또 때로는 경외의 대상이기도 한 호랑이였기에 한민족에게는 호랑이를 소재로 한 수많은 옛날이야기와 민담이 전해져 내려온 것이다. 그리고 이런 문화적 정서들은 호랑이가 긴 담뱃대를 입에 물고 있는 우스꽝스러운 풍속화로도 나타나 두려우면서도 친근한 호랑이의 위상을 다시 한번 확인시켜 주기도 했다. 이 덕분에 지금도 '호랑이 담배 피우던 시절'이라는 말이 일종의 관용구로 사용되고 있기도 한 것이다.

이런 조선의 문화와 풍습을 접한 타케히코가 호랑이를 소재로 한 여러 동화 작품을 남긴 것은 그래서 어쩌면 지극히 당연한 것이었는지도 모르겠다.

한복을 입고 곰방대를 손에
든 타케히코, 1918년

남양시찰단에 참가한 타케히코(중앙)와
노무라 토쿠시치(오른쪽), 1916년

대만총독 아카가와 켄조 집에서 요시다 하츠사부로와 함께, 1935년

제9장 만주, 대만, 그리고 조선으로

제10장

유럽으로

1920년 9월.

이탈리아 로마 대사관 안.

얼마나 기다렸을까. 힘찬 구둣발 소리와 함께 시모이 하루키치(下位春吉)가 문을 박차고 뛰어 들어왔다.

"구루시마 선생님! 놀라지 마세요! 지금부터 선생님을 피우메(현 크로아티아의 리예카)로 모시고 가서 가브리엘레 단눈치오와 손을 잡게 할 생각입니다. 맞잡은 두 손의 온기에서 어떤 씨앗이 피어날지 벌써부터 기대가 된다고요."

시모이는 타케히코의 손을 덥석 잡고 단숨에 말을 쏟아냈다. 후쿠오카(福岡) 출신의 시모이는 제일고등여학교 교사 시절에 타케히코가 경영하던 이톤 영어학교의 주임교사가 되어 타케히코를 '선생님'이라고 부르며 따랐다. 그 뒤 가이지카이(回字会)의 회원이 되어 동화구연법을 함께 연구하는 사이가 되었다. 그리고 1915년, 오쓰카강화회(大塚講話会)를 설립해서 도쿄고등사

범학교 학생들을 중심으로 한 '화술 연구'에 힘을 썼다. 그 설립 취지를 보면 앞으로 교사로서 일을 해 나감에 있어서 무엇보다도 중요한 것은 아이들을 대상으로 하는 대화법을 연구하는 것이며 그것은 실제로 강단에 서서 경험을 해야만 체득할 수 있는 것이라는 주장이다. 그리고 동화구연를 통해서 멤버들이 각자 스스로를 수양하는 것 역시 오쓰카강화회(大塚講話会)를 설립하는 주된 목적이라고 밝히고 있다.

이 설립 취지에서도 알 수 있듯이 오쓰카강화회는 타케히코의 교육관을 이어받아 그의 철학과 정신을 구현해 나가고자 설립되었으며 실제로 회원들 대다수가 가이지카이 모임에 출석하고 있었다.

바로 그 오쓰카강화회를 설립한 후 1915년 말에 국립동양학원의 강사가 되어 홀로 나폴리로 떠난 시모이는 제1차 세계대전이 종반에 이른 1918년, 신문사의 통신원이 되어 전선으로 가자마자 이탈리아 군에 자원입대하고 곧이어 피아베강 전투에 참전한 뒤 토렌트에서 종전을 맞았다. 이 일로 시모이는 이탈리아 정부로부터 훈장을 받고 이탈리아에서 가장 유명한 일본인이 되어 있었다. 가브리엘레 단눈치오가 일본까지 선전 비행을 할 계획을 세우고 시모이에게 동행해 줄 것을 부탁하게 된 것도 바로 이런 이탈리아와의 앞선 인연이 있었기에 가능했다. 이 일로 가브리엘레 단눈치오와 시모이는 매우 특별한 친분관계를 갖게 됐다.

가브리엘레 단눈치오(1863~1938)는 이탈리아의 시인이자, 소설가, 언론인, 군인, 정치인으로 이탈리아 문학과 정치에 큰 영향을 미친 인물이다. 한때 방탕한 생활로 빚을 지고 프랑스로 도피했던 단눈치오는 제1차 세계대전이 발발하자 이탈리아로 돌아와 연합국 측 참전을 강력하게 주장했다. 이후 전투기 조종사로 참전하여 비행 중 사고로 한쪽 눈을 잃었음에도 불구하고 1918년 8월 9일 제87 전투기 중대를 이끌고 빈 상공에서 선전물을 투하하는 작전을 성공시키는 등 용맹을 떨쳤다.

단눈치오는 특히 전쟁을 치르며 자신의 국가주의적 신념을 더욱 강화해 이탈리아가 전쟁에서 얻은 유럽 제1의 국가 지위를 더욱 강력히 유지해야 한다고 주장했다.

또 1919년엔 파리 강화 회의에서 피우메가 세르비아-크로아티아-슬로베니아 왕국(후일 유고슬라비아 왕국)에 할양될 위기에 처하자 '군단'이라 불리는 무장 집단 2천여 명을 이끌고 피오메를 아예 점령한 것도 단눈치오였다. 그 뒤 사령관이 되어 피오메를 통치하며 '모든 억압받는 사람들의 해방'이라는 슬로건을 내걸고 10월 혁명을 지지하여 블라디미르 레닌에게 '혁명가'로 칭송받기도 한다.

그런데 놀랍게도 시모이는 단눈치오가 점령해서 통치하고 있던 그 피오메로 타케히코를 데려가 이탈리아의 영웅 단눈치오와 손을 맞잡게 해 주겠다고 말하고 있는 것이다.

"피오메? 거긴 이탈리아 정부군이 삼엄하게 봉쇄하고 있는 곳이 아닌가? 거기까지 어떻게 돌파해서 간다는 말인가?"

타케히코가 두 눈을 동그랗게 뜨고 묻자 시모이가 의기양양하게 자신의 가슴을 치며 말했다.

"묘책이 다 있지요."

"좋아. 그럼 일단 부딪혀 보자고. 포로로 잡히면 그것 또한 재미있는 얘깃거리가 되겠지."

다음 날 아침 9시에 베네치아를 출발한 두 사람은 열차에 몸을 실었다. 그런데 시모이의 복장이 좀 복잡했다. 그는 피우메를 점령한 단눈치오 무장 군단의 군복을 입고 단도를 허리에 차고 가슴에는 피우메의 군공훈장까지 달고 있었다. 다만 피우메에 들어갈 때까지는 이것들을 숨겨야 했기에 훈장까지 주렁주렁 단 군복 위로 긴 레인코트를 걸치고 그 위로 어깨띠까지 둘러 감쪽같은 모습을 연출했다. 또 어깨띠에는 망원경까지 걸어 마치 무슨 이탈리아의 유적을 방문하러 온 연구자 같은 모습을 만들었다.

열차 안에는 단속을 위해서 두 명씩 짝을 지은 헌병들이 쉴 새 없이 순찰을 돌고 있었다. 한 팀이 지나갔나 하면 또 다른 팀의 헌병들이 오고, 이어서 아까 그 헌병들이 다시 오고. 이렇게 삼엄한 분위기다 보니 시모이는 도저히 레인코트를 벗을 수가 없었다. 더구나 이탈리아의 9월 햇살은 아직 너무 뜨거운 상황이라 열차 안은 흡사 찜통처럼 숨이 턱턱 막힐 지경이었다. 결국

목 언저리에서 스며 나오는 땀이 레인코트의 노란 옷깃을 적셔 시간이 갈수록 깃이 점점 검은색으로 변해 갔다. 그래도 시모이가 할 수 있는 것은 단 하나, 손수건으로 쉴 새 없이 흐르는 땀을 닦는 수밖에 없었다.

"야~ 드디어 도착했습니다!"

시모이가 차창 밖으로 얼굴을 내밀었다. 타케히코가 놀라 밖을 쳐다보자 열차는 속도를 줄이며 고원의 한 역으로 들어서고 있었다. 플랫폼에는 열차 안에서와 같은 헌병이 20~30명, 수비병이 50~60명이나 보였다.

"어쩔 생각인가, 시모이군."

타케히코가 고개를 돌려 시모이를 쳐다보며 물었다. 시모이는 장난기 많은 아이처럼 씨익 웃으며 말했다.

"담력 테스트도 해볼 겸 저희가 먼저 역습을 한번 해보죠."

두 사람은 열차에서 내려 일부러 헌병과 수비병 사이를 지나치듯 걸었다.

"보나세라, 보나세라~"

길을 비켜 주는 그들에게 일일이 고맙다는 인사를 하며 걸어서 역사 안 식당으로 들어가 커피를 마셨다. 그리고 다시 열차를 탔다. 얼마나 갔을까. 열차는 아바디아역에 도착했다. 헌병들의 명령에 따라 승객들은 한 명씩 짐을 가지고 내려 사령관 앞에 줄을 섰다.

"우리 두 사람은 밀러 제독의 초대를 받아 급히 만나러 가는 길입니다. 용건이 무엇인지는 제독을 만나 보기 전까지는 모릅니다."

시모이가 당당하게 말했다.

"그렇다면 우선 아바디아의 헌병 사령관을 만나 주십시오."

둘은 다시 열차에 올랐다. 이어 열차는 아바디아의 한 마을에 정차했다. 또 한 번 열차에서 내린 둘은 사령부로 갔지만 당직을 서는 중위는 시큰둥한 표정으로 "내일 아침에 와!"라며 아예 상대조차 해 주지를 않았다. 하는 수 없이 하루를 묵고 아침 일찍 다시 사령부로 직행. 한 시간 정도 기다린 뒤 모스카 중위의 방으로 안내받았다. 이젠 떨리지도 않는다. 두 사람은 모스카 중위의 정면에 놓인 의자에 천천히 앉았다.

"나는 나폴리 동양학원의 교수로 프로페서 시모이입니다. 이 친구는 일본의 청년 지도자이며 강연가로 유명한 구루시마 씨입니다. 밀러 제독 및 단눈치오 씨로부터 피우메의 현황을 시찰하러 와 달라는 요청을 받아 왔습니다."

"아! 아, 당신이 그 시모이 선생님이십니까?"

이곳에도 시모이의 이름이 알려져 있는 듯 모스카 중위는 호의를 표하며 두 사람의 부탁을 흔쾌히 받아들여 모터보트로 피우메까지 데려다주었다.

부두에 내려 마을 안으로 걸어 들어가며 주위를 살펴보자 그림엽서를 파는 상점에는 단눈치오의 수많은 초상화와 사진이 종류별로 걸려 있다. 귀금속을 파는 가게 앞에는 피우메 무장 군단의 휘장이 새겨진 넥타이핀과 피우메의 상징인 검은색 핀이 고슴도치처럼 장식되어 있다. 이곳은 정말로 마을과 광장, 군대 그리고 아이와 여성, 모든 것의 중심이 전부 다 단눈치오였다.

 만찬회에 초청을 받은 두 사람은 그랜드 호텔로 향했다. 호텔에 들어서자 "시모-이, 시모-이!" 하며 모두가 두 팔 벌려 달려와 시모이를 반겼다. 열차 안에서는 레인코트 안에 숨겨져서 땀을 홍수처럼 흘리게 했던 피우메 무장 군단의 군복도 이곳에서는 제 빛을 발했다. 조금 지나자 자동차 소리가 들렸다. 경쾌한 발소리로 차에서 내린 단눈치오는 시모이를 보자 "오~ 내 일본 동생이여~" 하며 두 팔로 시모이의 어깨를 감싸안았다. 그리고 타케히코의 손을 잡고 "자자, 들어갑시다." 하며 안으로 안내했다.

 비행 장교, 부인 등 26명이 테이블을 둘러싸고 앉아 만찬회가 시작되었다. 펑, 하는 청량한 소리와 함께 샴페인을 따고 식사가 시작되었다. 그렇게 술이 돌고 흥겨운 연회가 끝나자 단눈치오가 타케히코에게 말했다.

 "오늘 당신은 삼엄한 경비를 뚫고 이곳으로 들어와 피우메의 실상을 시찰하셨습니다. 그것은 저한테 일개 부대보다 더 든든한 일입니다. 당신의 공로를 인정해 군공 휘장을 수여하고 싶습니다. 내일은 자동차를 제공해 드릴 테니 부디 살아 있는 피우메를 둘러보고 가십시오."

 말을 끝낸 단눈치오는 술잔을 높이 들어 건배를 했다. 1920년 9월 11일 밤이었다.

 피우메를 시찰한 뒤 타케히코는 시모이와 헤어져 혼자 유럽 각지를 둘러보았다. 제1차 세계대전은 이미 2년 전에 끝이 났지만 지금도 그 아름다웠던 유럽은 무참하게 무너져 폐허가 된 채 상흔을 고스란히 보여 주고 있었다. 전쟁 후의 각국을 시찰하기 위해 12년 만에 유럽에 온 타케히코는 잔혹한 전쟁의 참화 속에서 지옥 같은 생활을 하는 사람들을 수없이 많이 보았다. 사랑하는 아들을 잃은 어머니들, 남편과 사별한 여성들, 부모를 잃은 아이들을 보며 그는 전쟁의 무참함에 순간순간 무너지는 가슴을 아프게 눌러야 했다.
 전쟁의 영향을 직접적으로 받은 나라의 사람들은 전쟁의 '전' 자도 입에 담기 싫어했다. 나폴리에서는 '마돈나의 아이들'이라고 불리는 전쟁고아들을 데려다 키우는 안눈치아타 사원을 시찰했다. 그리고 독일에서는 슈판다우의 아이들이 극도의 영양실조 상태인 것을 목격하고 그 실태를 일본에도 엽서로 알렸다.
 전쟁을 저주하고 평화를 염원하는 그림도 셀 수 없이 많이 보았다. 그중에서도 타케히코의 마음에 가장 큰 울림을 준 것은 작은 여자아이가 또다시 전쟁터로 나가려는 아버지의 칼에 매달려

"아버지! 아버지는 또 그 무서운 전쟁터에 나가시려는 건가요? 저같이 귀여운 아이들의 아버지들을 죽이기 위해서?"라고 말하며 눈물 맺힌 눈으로 아버지의 얼굴을 올려다보고 있는 그림이었다.

　1920년 11월 11일, 런던에서 휴전조약성립기념일을 축하하는 백만 군중의 열광하는 모습을 보면서 타케히코는 평화에 대해 다시 한번 절절히 생각했다. 그리고 일본에 돌아가면 미래를 짊어질 우리 아이들을 위해서, 전쟁의 비참함과 평화의 존귀함을 전해야지, 한 명 한 명의 눈을 보며 진심을 담아 전해야지 하고 굳게 결심했다.

제11장

일본에도 보이스카우트를!

1919년 6월.

도쿄소년단 앞으로 런던국제위원장이 보내는 초대장이 도착했다. 다음 해 영국에서 개최될 제1회 세계 스카우트 잼버리(세계 스카우트 연맹에서 주최하는 스카우트 잼버리 대회)에 참가해 달라는 내용이었다.

아직 일본에는 보이스카우트의 전국 조직이 없었기 때문에 일본의 소년단을 대표해서 도쿄소년단의 고시바 히로시(小柴博)와 시즈오카현(静岡県) 오가사군(小笠郡) 니시카타촌(西方) 소년단장인 이토분이치로(伊藤文一郎), 홋카이도 이와타(北海道岩田) 소년단장인 시모다 도요마쓰(下田豊松), 이 세 사람이 비용을 자비 부담해서 참가했다.

일본 최초의 보이스카우트는 고시바 히로시(小柴博)가 만든 '도쿄소년단'이다. 1913년 10월에 결성된 '도쿄소년군(東京少年軍)'이 '도쿄소년단(東京少年団)'으로 조직을 개편해서 다음 해

12월 6일, 도쿄구단(東京九段)에 있는 가이코샤(偕行社)에서 제1회 입단식을 열었다. 이 '도쿄소년단'의 기원이 된 '아동정신교육유년회'(1909년) 시절부터 임원이 돼 조직의 기반을 만드는 데 협력하고 입단식에서 〈소풍행군 이야기(遠足行軍講話)〉라고 제목 붙인 이야기를 들려주었던 이가 타케히코다.

1914년 9월에는 오사카에 소년의용군(보이스카우트)이 조직되고 다음 해 11월에는 교토에도 소년의용군(보이스카우트)이 결성되었는데 이때 교토보이스카우트의 모태가 된 단체가 교토동화구락부. 즉 타케히코가 씨앗을 뿌린 동화구락부(お伽俱楽部)가 보이스카우트라는 형태의 꽃을 피운 것이었다. 이 교토동화구락부 및 교토보이스카우트의 중심인물은 나카노 추하치(中野忠八)였는데 그의 남동생 나카노 히데사부로(中野秀三郎, 同和鉱業의 사장, 1888~1970)는 타케히코의 장녀 후쿠코(福子)와 1918년에 결혼하게 된다. 후쿠코와 결혼해서 타케히코의 사위이자 양자가 된 히데사부로도 보이스카우트 일본연맹의 이사장, 총장(5대)을 역임하며 평생 청소년 사업 육성에 진력했다.

1924년 1월, 보이스카우트 국제사무국에서 다시 초대장이 날아 왔다. 같은 해 8월 제2회 세계 스카우트 잼버리가 덴마크에서 열리게 된 것이다. 일본에서는 1922년에 드디어 소년단 일본연맹이 결성되어 고토 신페이(後藤新平)가 초대 총재가 되고 타케히코가 명예 이사가 되어 활동 중이었기에 초대장을 받은 일본연맹은 바로 이사회를 열어 내용을 검토했다.

국제사무국에서는 48명의 보이스카우트와 4명의 지도자를 파견해 달라고 요청해 왔으나 일본연맹 측은 경비 문제를 고려해 이번에는 시찰 목적을 앞세워 젊은 성인 남성 지도자를 소수 선정해서 파견하기로 결정했다. 그 내용을 공표하고 지원자를 모집하자 전국에서 53명의 응모자가 있었다. 연맹은 곧 선발위원회를 만들어 심사를 거듭한 결과 최종적으로 24명을 선정했다. 그리고 단장으로, 미시마 미치하루(三島通陽, 자작(子爵)이자 소설가, 1897~1965)를, 부단장으로 타케히코를 지명했다.

1924년 6월 8일, 파견단을 실은 하코네마루(箱根丸)가 고베항을 출발했다. 6월 19일에는 50번째 생일을 맞은 타케히코의 생일 파티가 열렸다. 배 위, 그것도 갑판에서 열린 이날의 생일 파티는 잔잔한 뱃바람만큼 차분한 행복감을 안겨 줬다. 한편으로 타케히코는 드디어 '지천명(知天命)'에 이르렀다. 하늘의 뜻을 안다는 50세, 그 지천명에.

7월 20일, 파견단 일행은 마르세유항에서 하선해 파리를 관광한 뒤 연락선을 타고 런던으로 이동했다.

"단장님! 호텔 지배인이 그러는데 버킹엄 궁전 후원에서 영국의 보이스카우트가 황제 폐하를 알현한다고 합니다!"

"그래? 그럼 보러 가야지. 전원 집합시키도록!"

파견단은 궁전으로 향하는 보이스카우트 행군을 보려고 서둘러 거리로 나갔다. 그러나 갑자기 비가 쏟아지는 바람에 통행인들 사이에 섞여 비를 피할 처마를 찾느라 모두가 우왕좌왕 난리가 났다. 그때 타케히코의 커다란 목소리가 들렸다.

"이 거리 한가운데서 당당하게 가슴을 펴고 비를 맞자."

　일행은 정렬하고 빗속에 우뚝 섰다. 보이스카우트 행군이 지나갈 때까지 그렇게 기다릴 생각이었다. 얼마 뒤 이 광경이 이상했던지 통행인 한 명이 다가왔다. 그들이 서 있는 이유를 들은 통행인은 보이스카우트가 벌써 궁전 안으로 들어간 사실을 알려 주었다. 순간 당황하여 궁전 문 가까이 이동하자 다행히 관계자가 안으로 들여보내 주며 구석에 있는 건물 처마 밑에서 견학하라고 알려 주었다. 의식은 1시간 정도로 끝이 났다.

　그때였다. 타케히코 바로 옆에 있던 커다란 문이 열리고 우산을 받쳐 든 하인과 함께 영국 국왕 조지 5세가 걸어왔다. 그 뒤를 보이스카우트 창시자인 로버트 베이든 파월을 비롯한 3명의 하인이 따랐다. 이때 동양인을 본 조지 5세가 갑자기 발걸음을 멈췄다.

"어디서 왔습니까?"

　모두 갑작스러운 상황에 긴장한 나머지 얼어붙어 있는 와중에 타케히코가 혼자 평소보다 더 큰 목소리로 대답했다.

"세계 스카우트 잼버리에 참가하기 위해 일본에서 온 보이스카우트입니다!"

감탄한 듯 고개를 끄덕이던 조지 5세는 타케히코 앞으로 발을 옮겨 악수를 청했다.

"몇 명 오셨습니까?"

"24명 왔습니다!"

그러자 조지 5세가 타케히코의 손을 잡은 채로 뒤에 있는 로버트 베이든 파월을 향해 물었다.

"파월 장군은 일본에 간 적이 있지요?"

"네, 있습니다! 한 번 더 기회가 주어진다면 일본을 찬찬히 둘러보고 싶습니다!"

그 말을 들은 타케히코는,

"일본의 보이스카우트는 부디 한 번 더 파월 장군님이 일본을 방문해 주시기를 진심으로 바라고 있겠습니다!"라고 대답했다.

곧이어 미시마 미치하루 단장과 악수를 한 조지 5세는 일행들에게 가볍게 눈인사를 하고 궁전 쪽으로 걸어갔다. 타케히코는 덴마크에 도착하기도 전에 이렇게 생각지도 못한 자리에서 보이스카우트의 아버지 로버트 베이든 파월을 만날 수 있었던 것이다. 참으로 큰 행운이었다.

8월 6일, 파견단 일행은 덴마크의 코펜하겐에 도착했다. 곧 지참한 텐트를 꺼내 야영 준비를 시작했다. 다만 개막일까지는 며칠의 여유가 있어 준비위원 외에는 개최일인 8월 10일까지 자유 시간을 가지기로 했다. 일행들 대부분은 스칸디나비아 문명을 접해 보고 싶다며 바다 건너 스웨덴으로 간다고 벌써부터 왁자지껄 들뜬 소리들이 가득하다. 그러나 타케히코는 출발 전부터 덴마크에 가면 덴마크가 낳은 세계적인 동화작가 한스 크리스티안 안데르센의 무덤을 찾아가 참배하고 그가 나고 자란 곳을 견학하고 싶다는 계획을 세웠던 터라 혼자만 따로 움직이기로 했다.

먼저 코펜하겐의 호텔 지배인에게 안데르센의 무덤이 어디 있는지 물어봤다. 그런데 의외로 모른다는 대답이 돌아왔다. '이 나라 사람들은 안데르센에게 관심이 없는 걸까?' 고개를 갸우뚱거리며 기차를 타고 4시간 걸려 안데르센의 고향 오덴세에 갔다. 다행히 한 호텔에서 안데르센의 생가가 남아 있다는 것과 작은 기념관이 있다는 것, 마을 광장에 동상이 세워져 있다는 사실을 들었다. 무덤은 코펜하겐에 있다고 한다.

물어물어 그렇게 생가 터를 찾아가니 마을 어귀에 작은 가구점이 하나 있는데 그 가게 앞 벽에 '안데르센의 생가'라는 문자가 작게 동판에 새겨져 있었다. 그런데 그 집에는 안데르센과 상관없는 사람이 살고 있었다. 근처의 기념관 역시 호텔 지배인 말대로 아주 작고 볼품없는 건물이었다. 안데르센이 사용했다는 책상과 의자, 실크 모자 등이 덩그러니 진열되어 있을 뿐이었다. 기념관을 나와 동상이 있는 곳으로 갔다.

"여긴 너무 적적하네. 기왕에 동상을 세울 것이면 좀 더 많은 사람들이 볼 수 있는 곳에 세워서 아이들 눈에 닿을 수 있었으면 좋았을 텐데……."

아쉬운 마음에 동상 주변을 이리저리 거닐다가 기념사진이라도 남겨야겠다는 생각에 근처 사진관을 찾아 사진사를 불러내 동상 앞에서 사진을 찍었다.

"보 커머 두 프하?(Hvor kommer du fra?)"

그 순간 등 뒤에서 한 젊은 덴마크인 남성이 말을 걸어왔다. 어느 나라에서 왔냐고 덴마크어로 묻는 것이다. 《Fyens Stiftstidende》라는 오덴세 지역신문의 기자라는 그는 호기심 어린 눈으로 다시 물었다.

"당신은 어느 나라 사람인가요?"

"일본 사람입니다. 코펜하겐에서 개최되는 세계 스카우트 잼버리에 참가하기 위해서 왔습니다."

"그런데 왜 여기에 있죠?"

"안데르센의 고향을 방문하기 위해서입니다."

"당신은 안데르센을 알고 있습니까?"

"저는 여러분들의 위대한 시인의 작품을 더없이 사랑하는 사람이며 개인적으로는 일본에서 그의 동화를 많이 번역했습니다."

"일본에서 안데르센 작품이 읽히고 있나요?"

"물론입니다. 그의 작품은 현재도 대중화가 진행되고 있는 중입니다."

 이런 인터뷰 기사와 함께 지역신문 《Fyens Stiftstidende》 (1924년 8월 8일 자)는 타케히코를 "일본의 교육학 분야에 있어서 대단히 중요한 작가로 알려진 인물이다. 그는 일본의 H. C. 안데르센인 것이다. 그가 지구 반 바퀴를 돌아 순례하러 온 것은 위대한 동화 시인의 탄생지를 방문하기 위함이다. 기적과 같은 이야기로 들리지만 이는 틀림없는 사실이다."라고 대대적으로 보도했다. 특히 이 기사는 〈일본에서 오덴세로, 순례 여행〉이라는 제목으로, 타케히코가 안데르센 동상 앞에서 찍은 사진을 함께 실어 이 '역사적'인 순간을 널리 알리고자 했다.

 기사가 보도되자마자 그 신문을 손에 들고 다른 신문사의 기자들이 타케히코가 묵고 있는 호텔로 찾아오기 시작했다. 졸지에 타케히코는 덴마크에서 유명 인사가 되었다. 현재 확인되는 8월 31일 자 전국 신문 《Politiken》에는 〈일본인의 고발〉이라는 제목으로 무려 1면 기사로 타케히코의 인터뷰가 실려 있는데 그 내용은 다음과 같다.

"덴마크의 시인을 추모하기 위해서 지구 반대편에서 이 남자가 찾아온 것은 대단히 드문 일이다. 그리고 구루시마 씨처럼 훌륭한 담대함과 파워를 가지고 처음 보는 우리들에게 자신의 의견을 당당하게 들려주는 것은 더욱더 드문 일이다. 그의 말에 귀를 기울여 보자.

'일본에서는 H. C. 안데르센에 대해 관심을 가지고 있습니까?'

'우리들에게 그는 세계에서 가장 위대한 시인 중의 한 사람입니다. 우리는 그를 숭배하며 존경하고 있습니다. 그리고 어린아이들도 그의 동화를 알고 있습니다. 저는 30년간 아이들을 위해 일하고 있는 교사입니다. 지금까지 제가 관여한 아이들이 1만 명에 이릅니다. 안데르센은 그 아이들 사이에서도 상당히 널리 알려져 있습니다.'

'당신은 오덴세를 방문하고 만족하셨나요?'

'아니요. 저는 안데르센이 그의 고향에서 이렇게 과소평가되고 있다는 사실에 놀랐습니다.'

'우리가 그를 충분히 평가하고 있지 않는 걸까요? 오덴세에는 기념관도 있잖아요?'

'저도 그 기념관에 가 보았습니다. 그러나 실망했습니다. 열악한 환경, 불충분한 보존 상태, 허술하게 취급받고 있다는 사실을 제 이 두 눈으로 똑똑히 확인했습니다. 전 세계에 덴마크의 이름을 널리 알린 안데르센이 태어난 집을 지키기 위한 예산이 이 나라에는 없는 것입니까? 당신들은 세련되고 따뜻한 마음을 가진 국민들입니다. 분명 백년 뒤에는 안데르센의 가치를 알 수 있을 거예요. 하지만 그때는 너무 늦다는 것을 알아야 할 것입니다.'"

타케히코의 말은 덴마크인들에게 큰 울림을 준 듯하다. 각 신문들이 연일 앞다투어 타케히코의 기사를 게재하는 한편 9월에는 덴마크의 인기 만화잡지가 안데르센과 '일본의 안데르센 타케히코'가 대담하는 장면을 표지로 해서 둘이 마치 대담을 한 듯한 내용으로 특별호를 꾸몄다. 이런 영향으로 덴마크에서는 안데르센의 박물관이 필요한지 어떤지를 두고 여론이 들끓기 시작했다. 타케히코는 호텔로 찾아온 덴마크인으로부터 안데르센 전집을 선물로 받기도 했다.

한편, 8월 10일부터 제2회 세계 스카우트 잼버리가 막을 올렸다. 잼버리에서도 타케히코는 앞장서서 파견단 일행을 인솔했다. 34개국에서 5천여 명이 참가한 큰 대회였다. 그곳에서 타케히코는 일본 캠프 앞에 코이노보리(鯉のぼり)를 장식했다. 코이노보리는 에도 시대부터 전해져 오는 풍습으로 단오절에 남자아이가 건강하게 자라 출세하기를 바라는 마음을 담아 집 밖에 세우는 잉어 모양을 한 깃발이다. 잉어가 폭포를 거슬러 올라 용이 되었다는 중국의 고사 '등용문'에서 유래된 것이다. 이 잉어 깃발은 특히 현장에서 매우 유니크한 아이디어라며 갈채를 받아 일본 캠프의 상징이 되었다.

잼버리가 막바지에 이르렀을 때 각국 대표가 대형 캠프파이어를 둘러싸고 손에 손을 잡아 큰 원을 만들었다.

"태어난 나라를 모국이라 하지만 이제 우리는 서로의 나라를 형제의 나라라고 생각하게 될 것입니다."

로버트 베이든 파월의 말에 모두 잡은 손에 힘껏 힘을 주었다. 그 힘이 전달되었을 때 타케히코는 생각했다.

'이것이야말로 보이스카우트 운동의 핵심이다. 이런 운동이 성공해야만 진짜 평화가 세계에 찾아올 것이다.'

8월 17일, 잼버리의 폐회식이 열렸다. 그리고 다음 날 제3회 국제 보이스카우트 회의가 개최되었다. 타케히코는 일본 대표로 회의에 참석해 영어로 연설까지 했다. 회의가 끝난 뒤 파견단은 체코슬로바키아, 독일, 스위스를 경유해 9월 11일, 이탈리아의 베네치아에 도착했다. 로마에 들른 파견단 일행은 일본대사관 직원의 안내를 받아 무솔리니(이탈리아 왕국의 제27대 총리)의 집무실을 방문하게 된다. 타케히코가 무솔리니에게 파견단 일행들과 악수해 줄 것을 청하자 무솔리니는 기분 좋게 그 청을 받아들였다.

"자 자, 여러분, 아랫배에 힘을 주세요. 있는 힘을 다해서 무솔리니의 손을 잡도록!"

타케히코가 긴장한 일행들의 기운을 돋우었다. 파견단 일행은 한 명씩 무솔리니의 손을 온 힘을 다해 잡았다. 악수가 끝나자 무솔리니는 비서에게 "사진사를 불러오라."라고 말했다. 사진사를 기다리는 동안 무슨 이유에선지 무솔리니는 계속해서 타케히코에게 시선을 고정했다. 그 모습을 본 통역관이 "저 남자는 일본에서 아동문화 사업을 일으킨 사람으로 일본에서는 모든 아이들이 동화 선생님이라고 부르고 있습니다."라고 설명했다. 그러자 무솔리니는 "그럴 줄 알았어. 난 저 사내의 얼굴을 보고 그럴 줄 알았어."라고 말했다고 한다.

142일에 걸친 긴 여행을 마친 파견단은 10월 27일, 무사히 귀국할 수 있었다. 귀국 후 얼마 지나지 않은 11월 15일, '소년단 일본연맹' 총회가 개최되어 새로운 규약이 성립되는 등 보이스카우트의 활동은 새롭게 발돋움했다.

제3회 국제 보이스카우트회의를 마친 뒤 단체 사진, 1924년 8월

무솔리니와 함께, 1924년 9월

En Pilgrimsrejse fra Japan til Odense

Det japanske Spejderkorps' Æreschef,
Mr. Takehiko Kurushima.

Mellem de 32 japanske Spejdere, som i Onsdags ankom til København via London, var ogsaa det japanske Spejderkorps Æreschef, Mr. Takehiko Kurushima. Det er dog ikke udelukkende Spejderanliggender, der har hidkaldt ham, hans Rejses egentlige Formaal er noget ganske andet, — noget, som det antagelig vil interessere Odenseanerne at høre.

Mr. Kurushima er en i Japan berømt Pædagog og en meget betydende Skribent. Paa sidstnævnte Omraade er han "Japans H. C. Andersen", og det er for at aflægge et Besøg i vor store Eventyrdigters Fødeby, han har vandret over den halve Klode. Det lyder underligt, men er ikke desto mindre rigtigt.

Mr. Kurushima ankom til Odense

일본에서 오덴세로의 순례
덴마크 신문 Fyens Stiftstidende, 1924년 8월 8일

제12장

안데르센을 일본에!

1925년 3월.

"아아, 아~ 들립니까? 아아, 아- 들립니까? JOAK, JOAK, 여기는 도쿄방송국입니다."

도쿄 시바우라(芝浦)의 임시 방송실에서 교다 타케오(京田武男) 아나운서가 도쿄방송국의 콜사인을 전달한 이 목소리를 시작으로 일본에 라디오 방송이 시작되었다. 이 첫 시험 방송이 있은 뒤 같은 해 7월 12일 일요일, 도쿄방송국(현 NHK)이 드디어 본 방송을 개시했다. 프로그램은 오전부(9시부터), 오후부(12시 반부터), 저녁부(19시 반부터)로 편성되었다.

라디오 방송이 시작된 이 역사적인 날에 타케히코의 목소리로 〈인간의 수명〉 이야기가 전파를 타고 흘러 나갔다. 방송 첫날부터 프로그램에 타케히코의 동화구연이 편성된 배경에는 도쿄방송국 초대 방송부장이 된 핫토리 요시오(服部愿夫)의 존재가 있었다. 핫토리 요시오는 다카바타케 가쇼(高畠華宵)와 같은 시기에 타케히코의 집에 하숙하며 타케히코가 만든 아동극단 활동을 돕고 무대 배경을 담당했던 젊은이였다. 그렇게 타케히코의 아동문화 활동에 동참했던 핫토리가 방송 프로그램을 편성하고 제작에 관여함으로써 타케히코의 동화구연이 역사상 처음으로 라디오를 통해 전국으로 흘러 나가게 된 것이다.

첫 방송부터 라디오에 출연한 타케히코는 이후 스케줄이 허락하는 한 아동 프로그램인 〈어린이 시간(子供の時間)〉에 출연해서 동화를 구연했다. 7년 후인 1932년에는 타케히코의 추천으로 무라오카 하나코(村岡花子, 〈빨간 머리 앤〉 번역가, 1893~1968)가 고정 출연해서 〈어린이 시간〉 마지막 5분 동안 《어린이 신문》을 읽었다. 도요에이와 여학교(東洋英和女学校)의 교회 행사에서 야나기와라 뱌쿠렌(柳原白蓮)과 함께 타케히코의 동화를 처음으로 들은 하나코는 타케히코가 세상을 떠날 때까지 교류했으며 타케히코 사후에 만들어진 '구루시마 타케히코 문화상'의 심사위원을 역임하기도 했다.

라디오 방송을 끝낸 다음 날 타케히코는 이와야 사자나미(巖谷小波)를 찾아갔다.

"마이크 앞에서 혼자 떠들어 대는 건 도저히 흥이 나질 않아요."
"맞아, 그건 도무지 흥이 안 난단 말이야."
"그나저나 오늘은 상의드릴 게 있어서 왔습니다. 덴마크에 있는 히라바야시가 이런 걸 보내왔습니다."

타케히코는 양복 안주머니에서 편지 한 통을 꺼내 사자나미에게 건넸다.

타케히코 일행보다 먼저 도쿄시에서 파견되어 홀로 덴마크에 가 있던 일본인이 한 명 있었는데 그의 이름이 히라바야시 히론토(平林広人, 1886년생)였다. 그는 나가노현에서 소학교 교장을 역임한 인물로 젊을 때부터 '일본의 농촌을 풍요롭게 하는 건 덴마크 방식밖에 없다'는 생각을 가진 이였다. 마침 고토 신페이(後藤新平)가 도쿄시장에 취임하자마자 그는 덴마크의 농업기술을 배워 와야 하는 필요성에 대해 장문의 편지를 써 이 신임 도쿄시장에게 보냈다. 그리고 이 편지는 고토 신페이 시장의 마음을 움직였다. 결국 그는 시의 촉탁으로 도쿄시 사회교육과에 초빙되어 1924년, 타케히코 일행이 덴마크에 파견되기 며칠 전에 연구 목적으로 이미 덴마크로 건너가 있는 상태였다.

그 히라바야시는 코펜하겐 시내에서 하숙하며 덴마크 국민고등학교에 다니고 있었는데 어느 날 덴마크 외무성에서 전화가 왔다고 한다. 내용인즉슨, 내년(1925)이 안데르센 사후 50년이라 독일에서도 안데르센 사후 50년 행사를 개최할 예정이라고 하는데 일본에서도 기념행사를 해 줄 수 없겠느냐는 것이었다. 이 전화를 끊자마자 히라바야시는 곧장 도쿄의 타케히코에게 편지를 쓴 것이다.

"이거 재미있겠는걸? 크게 한번 해 보자고. 동양 최초의 안데르센 기념행사를!"

　사자나미는 언제나처럼 힘이 되어 주었다. 하기로 한 이상 최고의 기념행사를 만들어 내겠다고 다짐한 타케히코는 다시 바쁘게 움직이기 시작했다. 사자나미를 위원장으로, 타케히코 외에 기시베 후쿠오(岸邉福雄), 아베 스에오(安倍季雄), 미시마 미치하루(三島通陽), 야마다 코사쿠(山田耕筰), 기타하라 하쿠슈(北原白秋) 등 당시 이름 있는 아동문학가들 16명이 실행 위원이 되어 주었다.

　먼저 1925년 8월 4일, 안데르센 기일에 도쿄에서는 사자나미가, 오사카에서는 무라카미 토시오(村上鋭夫)가 라디오 방송에 출연해 안데르센을 소개하고 10월에 기념행사가 열린다는 사실을 선전했다. 이날 저녁 타케히코는 오이타 벳푸(大分別府) 시 회의사당(市会議事堂)에서 벳푸 동화구락부와 오사카 동화구락부가 공동으로 개최한 '일본 최초 안데르센 축제' 행사에 참석해 덴마크에 다녀온 이야기, 안데르센에 대한 이야기를 재미나게 들려주었다.

　그리고 9월 5일 도쿄 마루빌딩(丸ビル) 세이요켄(精養軒, 서양요리점)에 80여 명의 찬조 위원이 참석한 가운데 덴마크 공사를 초대해 만찬회를 가졌다. 그 뒤 10월 4일 아오야마 회관(青山会館)에서 마쓰무라 타케오(松村武雄, 민속학자), 아키타 우쟈쿠(秋田雨雀, 극작가), 아시야 로손(蘆谷蘆村, 아동문학가)의 강연회와 야마다 코사쿠(山田耕筰, 작곡가)의 음악회를 개최했다. 또 아오야마 회관 별관에서는 기념전람회를 열어 팸플릿, 책자, 그림엽서 등을 판매하기도 했다. 이 외에도 도쿄 시내의 여러 학교나 단체에서도 기념행사가 열렸는데 행사장마다 실행 위원들이 교대로 출연해서 안데르센 동화를 구연했다. 또 지방 행사를 위해서는 도호쿠(東北, 아오모리현, 이와테현, 미야기현, 아키타현, 야마가타현, 후쿠시마현) 지방은 사자나미가, 호쿠리쿠(北陸, 니가타현, 도야마현, 이시카와현, 후쿠이현) 지방은 타케히코, 기시베 후쿠오(岸邉福雄), 아베 스에오(安倍季雄)가 방문해 안데르센 동화를 구연했다.

　이렇게 사전 행사가 마무리될 즈음 드디어 10월 17일. 도쿄 제국극장에서 '안데르센 사후 50년 기념 동화 축제'가 성대하게 막을 열었다. 무대 중앙에는 타케히코가 덴마트에서 구해 온 안데르센의 초상화가 걸렸다. 먼저 위원장인 사자나미가 등단해서 추모글을 낭독했다. 다음으로 타케히코가 나와 이 행사를 개최하게 된 경위에 대해서 설명했다. 이어서 여류성악가가 무대에 올라 〈안데르센을 기리는 노래〉(기타하라 하쿠슈 작사, 야마다 코사쿠 작곡)를 불렀다. 다음으로 동요, 무용, 독창 등이 이어지고 잠시 휴식 시간을 가진 뒤 동화극 〈벌거벗은 임금님〉이 상연되었다. 또, 노래 〈안데르센의 밤〉(기타하라 하쿠슈 작사)이 공연된 뒤 타케히코의 아이디어로 탄생한 뮤지컬 〈안데르센 동상

축제〉가 무대에 올랐다. 여기서 사자나미는 시인 역할을 하고 타케히코는 개구리 역할을 맡았다. 마지막으로 〈동화 퍼레이드 노래〉(구즈하라 시게루 작사, 히로타 류타로 작곡)를 출연자 모두가 함께 부른 뒤, 덴마크 공사가 나와 감사 인사를 하며 기념행사는 대단원의 막을 내렸다.

  이 행사는 다음 날도 개최되었지만 사람이 너무 몰려 입장 못하는 사람이 더 많을 정도여서 궁리 끝에 아오야마 회관을 빌려 한 번 더 개최하기로 했다. 특히 호평을 받은 공연 내용은 소극장에서도 개최할 수 있도록 재편성되어 반년 이상이나 전국 각지를 순회하며 상연되었다.

  1년 뒤 1926년 4월, 덴마크 국왕 크리스티안 10세가 문화훈장에 해당하는 단네부로 3등과 4등 훈장을 일본에 보내왔다. 안데르센을 일본 전국에 알린 공적을 인정받은 것이다. 기념행사에서 위원장을 지낸 사자나미가 3등 훈장을, 타케히코가 4등 훈장을 받았다.

  일본에서 동양 최초 안데르센 기념행사가 대대적으로 열렸다는 사실은 덴마크 미디어에도 크게 보도되었고 안데르센 박물관이 필요한지를 고심하던 여론은 필요하다는 쪽으로 크게 기울었다. 그러던 중 덴마크의 한 자선가가 안데르센의 생가와 그 일대 전체를 매입한 뒤 크게 박물관까지 지어 오덴세시에 기부하는 경사가 열린다. 이렇게 해서 안데르센 박물관이 탄생하게 된 것이다. 또 하나, 안데르센 박물관이 개관하는 시기에 안데르센 무덤도 재정비를 마치게 된다.

타케히코는 만년까지 안데르센을 기념하기 위한 활동을 계속했다. 1935년 11월 17일에는 안데르센 최초의 소설 〈즉흥시인〉이 발표된 지 백 년이 되는 것을 기념해 '안데르센 동화 백년 축제'라는 행사를 개최했다.

도쿄시, 문부과학성, 덴마크 공사관의 후원을 받아 개최한 이 행사에는 기타하라 하쿠슈(北原白秋), 야마다 코사쿠(山田耕筰), 노구치 우조(野口雨情), 하마다 히로스케(浜田広介, 동화작가), 무라오카 하나코(村岡花子), 히라바야시 히론토(平林広人) 등 많은 문화인들이 협력했다. 그리고 같은 해 11월 20일, 아시야 로손(蘆谷蘆村)이 《대동화가의 생애 안데르센전》(教文館)을 출간했다.

제2차 세계대전이 발발한 뒤 타케히코는 덴마크에서 기증받은 안데르센 전집과 덴마크에서 가지고 들어온 안데르센 관련 자료만을 제자인 아라이 타로(新井太郎)가 사는 가마쿠라(鎌倉) 집에 맡겨 두었는데 이후 도쿄 대공습으로 오로지 이 가마쿠라에 맡겨 둔 자료만이 온전히 남겨진 유일한 자료가 되었다. 실제로 전쟁 막바지의 도쿄 공습은 참혹할 만큼 모든 것을 파괴해 타케히코의 집과 유치원이 화마에 휩싸여 전소되었고 도서관을 방불케 할 정도의 어마어마한 장서와 많은 자료들이 불에 타 사라졌다. 이런 와중에 가마쿠라의 안데르센 자료만이 살아남자

아라이는 이것은 '신의 계시'라고 생각해 이 자료들을 토대로 타케히코 감수(監修) 아래 《세계명작동화 안데르센 명작집》(1947년)을 출간하기도 한다.

그 후로도 타케히코는 1955년 5월 3일에 히비야공회당(日比谷公会堂)에서 '안데르센 탄생 150년 축제'를 개최하고 5월 14일부터 나고야의 소학교를 순회하며 기념 동화를 구연했다.

한편, 일본에서 최초로 안데르센 기념행사를 개최한 다음 해인 1926년 8월, 타케히코는 오이타현 한다고원(飯田高原)을 향해 걸어가고 있었다. 한다고원에서 소년단 일본연맹의 합동야영대회가 열리게 된 것이다. 잡초만 무성했던 고원으로, 아는 사람도 거의 없던 이곳을 타케히코가 야영지로 적합하다며 본부에 추천한 것이었다. 그 개회식에 출석하기 위해 타케히코는 고토 신페이(後藤新平)와 미시마 미치하루(三島通陽), 후타라 요시노리(二荒芳徳, 백작, 일본연맹의 초대 이사장)를 안내해서 한다고원을 향해 가고 있었다.

이날의 여정은 제법 먼 길이라 벳푸(別府)에서 유후인(湯布院)까지는 말을 타고, 유후인에서 분고나카무라(豊後中村)까지는 마차를 이용하고 분고나카무라에서 한다고원까지는 다시 말을 타야 하는 쉽지 않은 길이었다. 다만 승마를 힘들어하는 68세의 고토 신페이를 배려해 타케히코는 구루시마 본가에서 예전에 영주가 타던 가마를 빌려 오게 해 고토를 태우고 청년 단원 4명이 그 가마를 교대로 메고 가도록 했다. 앞장서서 걷는 타케히코는 가마에 탄 고토가 걱정되어 수시로 뒤를 돌아보았다. 그러고 보니 20여 년 전 가쓰 카이슈(勝海舟)를 만나러 갔을 때 고토의 등 뒤에 서서 긴장한 나머지 얼음처럼 굳어 있던 일이 생각났다. 그때 고토의 등은 한없이 크고 넓었었다.

"고토 총재님! 괜찮으십니까? 길이 나빠 송구스럽습니다."

"괜찮아, 괜찮아. 신경 쓰지 마. 영주님 가마를 다 타보고 이런 영광이 또 어디 있겠나. 그보다 자네들에게 미안하네. 무겁지?"

"아닙니다! 괜찮습니다!"

청년들의 힘찬 목소리가 고원에 울려 퍼졌다.

한다고원에는 각지에서 모인 보이스카우트들이 집결해 40여 개의 텐트가 설치돼 있었다. 특히 초자바루(長者原)에는 벳푸(別府)에서 온 가메노이료칸(亀の井旅館)이 만든 '가메노이 텐트 호텔'까지 설치되어 고원을 더 풍성하게 만들고 있었다.

"아부라야 씨, 설치는 다 끝나셨습니까?"

"오! 구루시마 씨! 이제 거의 다 끝났습니다. 어떻습니까?"

"이야~ 대단하십니다. '텐트 호텔'이라니 참으로 기발한 아이디어예요."

"그나저나 남자투성이네요. 이렇게 넓은 고원에 죄다 남자군요. 하하하."

"하하하, 그렇죠? 내일부터는 일반 관광객들도 입장시킬 생각입니다."

"여자가 있어야 해요! 안내하는 사람은 여자로 해야 해요, 구루시마 씨."

"하하하, 그것도 좋은 생각이네요. 그럼 내일부터 잘 부탁드리겠습니다."

타케히코는 크게 웃으며 아부라야 쿠마하치(油屋熊八, 1863~1935, 벳푸 관광의 아버지라 불리는 사업가, 현 가메노이 호텔의 설립자)와 악수했다.

"오호~ 나도 손이 큰데 구루시마 씨 손도 상당히 큽니다?"

"아부라야 씨 손에 비하면 제 손은 아기 손인데요?"

"이거, 이거, 큰손 대회를 한번 열어야겠군요, 하하하하."

일본 최초로 여성 버스 가이드를 도입한 것으로 유명한 아부라야 쿠마하치는 그 후 1931년, 실제로 가메노이 호텔 20주년 기념행사로 '전국 큰손 대회'를 대대적으로 개최하고 타케히코를 심사위원으로 벳푸에 초청했다. 그러자 타케히코는 평소 친분이 있던 유명한 시인 부부, 요사노 텟칸(与謝野鉄幹)과 요사노 아키코(与謝野晶子), 소설가 에미 스이인(江見水蔭), 일본 최고라 불린 조감도 화가, 요시다 하츠사부로(吉田初三郎) 등의 유명 인사들과 함께 와서 기념행사를 더욱 화려하게 장식했다.

현재 벳푸역 앞에는 두 손을 하늘로 쭉 뻗은 모습의 아부라야 쿠마하치 동상이 세워져 랜드마크 역할을 톡톡히 하고 있는데 자세히 보면 두 손이 굉장히 크다. 이 동상을 만든 조각가 쓰지하타 타카코(辻畑隆子) 씨에 의하면 큰 손을 강조하기 위해 성인 남성용 야구 글로브 사이즈를 참고해서 만들었다고 한다.

그럼 다시 1926년 8월, 한다고원에서 목청을 높이고 있는 타케히코로 돌아가 보자. 눈 깜짝할 사이에 여름이 지나고 가을이 되었다. 그해 10월 6일, 타케히코는 고치현 아키군(高知県安芸郡) 공회당에 있었다. 이날 역시 타케히코의 강연을 듣기 위해 많은 인파가 몰려들어 2층으로 올라가는 계단 통로까지 사람들로 가득 차 움직일 수도 없을 정도였다. 강연은 예정된 시간에 시작되었다. 그런데 사람의 무게를 이기지 못하고 2층 바닥이 그만 무너져 내리고 말았다. 이 사고로 40여 명의 부상자가 속출했고 각종 신문에까지 보도되었다. 안타까운 사건이었지만 한편으론 타케히코의 대중 동원력을 말해 주는 일화이기도 하다.

그리고 이어진 10월 13일, 이번에는 타케히코에게 단장(斷腸)의 슬픔이 찾아온다. 둘째 딸 후지코(不二子)가 18살의 어린 나이로 세상을 떠난 것이다. 부모를 잃은 이에겐 '고아'라는 이름이 있고, 배우자를 잃은 이들에겐 '과부'와 '홀아비'라는 이름이라도 있는데 자식을 잃은 이들에겐 그 어디에도 마땅한 이름이 없어 그저 '단장의 슬픔'이라는 수사(修辭)로 표현하는 수밖에 없다는 말이 있는데, 그만큼 어떤 언어로도 부를 수 없는 고통이기에 그럴 것이다. 단장(斷腸). 뱃속의 장이 마디마디 끊어지는 아픔이라는 것이다. 그 아픔으로 가을이 가고 겨울이 오는 사이에 시간은 어느새 다이쇼 시대(大正時代: 다이쇼 천황이 재위한 기간, 1912년 7월 30일~1926년 12월 25일)를 보내고 쇼와 시대(昭和時代: 쇼와 천황이 재위한 기간, 1926년 12월 25일~1989년 1월 7일)를 맞고 있었다.

라디오 본방송 첫째 날 시간표, 1925년 7월 12일

후지코와 미네 부인

제13장

토모가키

1929년 6월.

"구루시마 군, 다시 한번 축하하네. 시간 참 빠르지? 벌써 25년이라니."

"감사합니다."

"우리 집에 처음 왔을 땐 군복을 입고 있었는데 말이야. 그건 그렇고 지난번 제국극장은 만석이었지? 하여간 대단해."

"그렇게 많이 모여 주셔서 감사할 따름입니다."

1929년 6월 16일, 제국극장에서 타케히코의 동화활동 25주년 기념 축하 행사가 열렸다. 사자나미가 여느 때처럼 위원장을 맡고 가이지카이(回字会, 동화구연 연구회) 회원들이 총출동해서 동화구연을 하며 타케히코를 축하했다. 기적 같은 선물도 있었다. 그달 21일, 기후현(岐阜県) 순회강연 중에 아들 노리히코(典彦)가 태어났다는 전보를 받은 것이다. 노리히코의 어머니는 이즈(伊豆) 강연 중에 만난 스즈키 미요코(鈴木美代子, 1905년 2월 20일생)라는 여성이었다.

그 후로도 강연은 매일 같이 이어져 오이타(大分), 히로시마(広島), 시마네(島根), 가나자와(金沢), 조선(朝鮮)을 순회한 뒤 나라(奈良)의 방송동화연구회 회원들과 저녁 식사를 함께하던 어느 날이었다. 메뉴는 타케히코가 좋아하는 스키야키였다.

"이게 구루시마류 맛있게 굽는 방법이야."라며 타케히코는 설탕을 고기에 골고루 뿌리는 독특한 방법으로 고기를 구웠다. 담배나 술을 일절 하지 않았던 타케히코는 단것을 좋아하기로 유명했다. 그때였다.

"구루시마 선생님, 이 명함 좀 보시겠습니까? 이 사람하고 이 사람이 자주 찾아와서 자기가 구루시마 제자라고 하는데 아시는 분이실까요?"

타케히코는 고기를 굽던 손을 멈추고 명함을 받아 들었다.

"글쎄, 모르겠는데?"

"이 사람들이 선생님한테 받은 편지나 엽서를 가지고 와서는 수상쩍은 강연을 하고 가는 통에 학교 사람들 사이에서 말이 많은 것 같습니다. 그대로 두면 선생님 이름에도 누를 끼칠 것 같아서요."

"그런 소리를 간혹 듣기는 하네만 강연을 한 곳에서 감사 편지나 엽서를 받으면 답장을 안 할 수도 없어서 일일이 다 답을 했더니 그걸 그렇게 가지고 다녔나 보군. 이거 참 난처하게 됐네."

워낙 유명한 타케히코다 보니 그에게 받은 엽서 한 장이라도 가지고 가면 타케히코의 지도를 받고 있는 사람이라고 믿고 강연 자리를 만들어 주는 일이 간혹 있었던 것이다. 문제는 사례금을 노리고 그렇게 악용하는 이가 종종 있었다는 것이다.

"구루시마 선생님, 지금도 매일같이 강연을 하고 계십니까?"

"꾸준함이 힘이라네(継続は力なり). 세상에 동화를 쓰는 이는 셀 수도 없이 많이 있지만 동화를 들려주는 이는 없어. 동화를 구연해서 들려줄 수 있는 이가 너무 적어. 무엇보다 2, 3년 정도는 동화구연을 해 주는 이도 있지만 5, 6년 넘게 꾸준히 아이들의 무릎 앞 친구가 되어 주는 이는 없지. 나는 지금도 절실하게 아이들의 무릎 앞 친구가 되고 싶어."

"선생님이야말로 진정한 이야기꾼이십니다."

"이야기꾼? 하하하. 가만있자, 그러고 보니 우리 일본은 고대부터 말의 힘을 믿은 언령(言霊)의 나라로 말로 모든 것을 전달한 이야기꾼이 역사 속에도 등장하지 않는가.《고지키(古事記)》(712년에 편찬된 일본에서 가장 오래된 역사서)를 구술한 히에다노 아레(稗田阿礼)를 신으로 모시고 있는 곳이 어딘가에 있을 거야. 그곳을 찾아 널리 알리기 위해서 축제를 여는 건 어떨까?"

이 대화를 계기로 동석했던 나카무라 야스이치(中村易一)가 나라현(奈良県) 동화연맹 회장인 교바시 히코사부로(京橋彦三郎)와

이사장인 나카가와 아키라(仲川明)에게 상의하고 찾아본 결과 나라현(奈良県) 야마토코오리야마시(大和郡山市) 히에다쵸(稗田町)에 있는 메타신사(賣太神社)에 히에다노 아레(稗田阿礼)가 신으로 모셔져 있다는 사실을 알아냈다.

결국 타케히코가 발기인(発起人)이 되고 나라현 동화연맹 및 전국 각지의 동화인들이 협력해서 1930년 8월 15일, 제1회 '아레축제(阿礼祭)'를 개최하기에 이른다. 당시 '3대 동화구연가'로 불리던 타케히코, 이와야 사자나미(巖谷小波), 기시베 후쿠오(岸邉福雄) 외 3백여 명이 참석했다. 행사에서는 히에다 춤(稗田舞)을 봉납하고 〈아레님을 기리는 노래〉(기타하라 하쿠슈 작사, 히로타 류타로 작곡)를 지역 어린이들이 합창한 뒤 동화구연을 하고 마지막으로 참가자들이 모두 기념 하이쿠(俳句, 5/7/5의 짧은 시)를 짓는 시간을 가졌다. 타케히코는 "우리 아레님/낮잠 자는 궁이네/사방은 매미"라는 시를 지었다. '아레축제(阿礼祭)'는 17일까지 3일간 열렸다.

다음 해 9월에는 문부과학성(文部科学省)의 의뢰를 받아 동화구연 전국 순회를 실시했다. 일본열도를 동서로 이등분해서 동쪽을 사자나미가 맡고 서쪽을 타케히코가 맡아 움직였다. 스케줄에 쫓기며 전국 순회를 무사히 끝마치자 어느새 연말이 되었다. 그렇게 2월 오사카(大阪) 방문을 끝으로 한 해를 마무리했다. 다음 해인 1932년에는 고단샤(講談社)의 의뢰를 받아 아오모리(青森) 시내 소학교를 돌며 '동화구연 강습회'를 열었다.

같은 해 12월 16일에는 역사적으로 큰 사건이 하나 발생했는데 도쿄니혼바시(東京日本橋)에 있던 시로키야(白木屋) 백화점에서 화재가 발생한 것이다. 이 건물은 지하 2층, 지상 8층의 당시로서는 꽤나 신식의 고층 건물이었는데 당일 오전 9시 15분경에 4층 장난감 매장에서 화재가 발생해 4층에서 8층까지가 전소되고 오후 12시가 지나서야 겨우 진화되었다. 화재로 인한 사망자는 1명, 추락으로 인한 사망자가 13명, 부상자가 67명이나 되어 현재까지도 '일본 최초의 고층건축물 화재'로 기록되고 있다. 12월 23일에는 시로키야 백화점의 야마다 닌조(山田忍三) 전무가 《아사히신문(朝日新聞)》을 통해서 사고 당시의 피난 상황 등을 발표했다. 특히 밧줄을 타고 내려오던 여성 점원이 기모노 치맛자락이 벌어지는 것이 신경 쓰여 수치심에 옷매무새를 고치려다 그대로 추락해 버린 사례가 있었다고 해 더 큰 안타까움을 샀다. 당시 일본은 기모노를 입을 때 안에 속옷을 입지 않는 것이 일반적이었다.

이 사건 이후 타케히코는 어른들을 상대로 하는 강연에서 여성들이 기모노 안에 드로어즈(여성용 팬츠)를 입을 것을 장려했으며 한밤중에 불이 나도 움직이기 편하도록 잘 때는 파자마(서양식 잠옷)를 입고 잘 것을 장려했다. 타케히코가 드로어즈와 파자마의 대중화에 앞장섰다는 건 많이 알려지지 않은 사실이다.

1933년 9월 5일, 이와야 사자나미(巖谷小波)가 향년 63세로 세상을 떠났다.

"사자나미 선생님이 돌아가신 지 벌써 1년이 지났다니 믿기지 않네."
 히비야(日比谷) 공회당으로 향하는 길에 야마우치 슈세이(山内秋生, 동화작가)가 혼잣말처럼 읊조렸다.
 "장례식에 온 조문객은 3천 명이 넘었지?"
 어깨를 나란히 하고 걷던 친구가 물었다.
 "구루시마 선생님한테는 감격했어. 사자나미 선생님이 돌아가시기 전후로 아마 열흘 이상 병원에 계셨을 거야. 거의 매일 뵌 것 같아. 그 바쁜 분이 매일 새벽같이 병원에 와서 병문안 온 손님들 응대부터 병실과의 연락까지, 하나에서 열까지 다 케어를 하시고 장례식 때도 표면상은 에미 스이인(江見水蔭)이 위원장직을 맡았지만, 실질적으로는 부위원장이었던 구루시마 선생님이 장례식장부터 모든 일을 다 처리하셨거든."
 "응, 알고 있어. 옆에서 보고 있자니 정말 대단하시더라. 은사님을 위해서 마지막까지 최선을 다하겠다는 모습이 정열적이기까지 했어."

 타케히코에게 사자나미는 누구보다 사랑하는 스승이었고 좋은 형이었으며 든든한 동지였다. '토모가키(友垣)'라는 말이 있다. 울타리(垣)처럼 단단하게 연결된 친구를 의미하는 말이다. 타케히코가 쓴 동화의 제목이기도 하다. 사자나미를 잃은 타케히코는 이 〈토모가키〉라는 동화를 이후에도 자주 구연하게 되는데 사실 이 동화는 이미 오래전 1909년에 〈갓텐가라스(合点烏)〉(까마귀의 깨달음)라는 제목으로 《소년세계》에 발표했던 작품이었다.

고대 인도의 불교 설화집인 자타카에서 모티브를 가져온 이 이야기는 1913년 《구루시마 동화 강단(久留島お伽講壇)》에도 수록되었으며 이후 제목을 〈토모가키〉로 바꿔서 1935년 12월 6일 쇼와 천황의 첫째 황녀인 데루노미야 시게코(照宮成子) 내친왕이 10살 생일을 맞이했을 때 직접 황궁을 방문해 축하 동화로 구연하기도 했다. 그리고 이 일을 기념해서 다음 해 1월 1일부터 1월 10일까지 《도쿄 아사히신문》과 《오사카 아사히신문》에 각각 8회에 걸쳐 연재되기도 한다. 연재되는 당시에는 〈내친왕 전하께 직접 구연한 동화 토모가키〉라는 제목으로, 삽화는 시미즈 요시오(清水良雄, 서양화가)가 그렸다. 이어 같은 해 4월에는 단행본(《동화 토모가키》)으로 출판된다. 이 이야기의 인기는 그 뒤로도 이어져 1946년, 《까마귀의 친구》라는 제목으로 영어 단어장 기능을 겸한 아름다운 그림책으로도 출간됐다.

동화 〈토모가키〉는 이런 내용이다.

어느 날 그물 덫에 걸린 비둘기 엄마와 아이들이 모두 힘을 합쳐 그물을 덮어쓴 채로 하늘로 날아올라 '땅 친구'라고 불리는 쥐를 찾아간다. 쥐는 이빨로 그물을 물어뜯어 비둘기 가족이 도망칠 수 있도록 도와줬다. 우연히 그 장면을 목격한 외톨이 까마귀는 '서로 도와주고 또 도움을 받을 수 있는 친구라는 건 아름다운 울타리와도 같구나'라고 생각했다. 이때부터 까마귀는 쥐에게 부탁해 친구가 되고 쥐의 '하늘 친구'가 되어 사이좋게 놀았다. 또, 항상 물을 마시러 가는 연못 속에 혼자 살고 있는 거북이와도 친구가 되어 그 거북이를 '물 친구'라고 부르며 함께 놀았다. 그러던 어느 날 덫에 걸린 사슴을 도와주고 사슴과도 친구가 되었다. 이 일을 계기로 사슴은 까마귀의 '숲속 친구'로 불리게 된다. 그리고 마지막엔 모두가 힘을 합해 함정에 빠진 사슴과 그 사슴을 도우려다가 사냥꾼에게 잡힌 거북이를 구출해 낸다는 이야기다.

 이처럼 '땅 친구', '하늘 친구', '물 친구', '숲속 친구'가 어울려 놀면 들판의 이야기는 쥐를 통해 듣고 하늘 이야기는 까마귀를 통해 듣고, 물속 이야기는 거북이를 통해 들으며 숲속 이야기는 사슴을 통해 들을 수가 있다. 결국 자기와 다른 사람을 이상하다며 손가락질하거나 놀리지 않고 인간의 다양성을 인정하고 타인의 존재를 있는 그대로 받아들이면 자신의 세계가 그만큼 넓어진다는 것을 알려 주는 이야기다.

 사자나미 사후 이 〈토모가키〉를 구연하는 매 순간 타케히코는 사자나미를 생각했다. 그때마다 군복을 입고 쭈뼛쭈뼛 찾아온 시골 촌뜨기였던 자신을 따뜻하게 맞이하며 친구로 받아 줬던 사자나미의 웃는 얼굴이 어제처럼 살아 돌아왔다. 타케히코의 영원한 땅 친구, 하늘 친구, 물 친구, 숲속 친구, 그 모든 얼굴의 첫머리에는 늘 사자나미가 있었다.

타케히코 동화활동 25주년 기념사진, 1929년 6월 16일

이와야 사자나미 추도 모임에서

제14장

내가 침묵하면
돌들이 소리 지르리라

1940년 9월.

도쿄역 앞 기시모토(岸本) 빌딩에 있는 타케히코의 사무실에서 가이지카이(回字会) 멤버들이 이야기를 나누고 있다. 〈눈물 흘린 붉은 도깨비(泣いた赤鬼)〉라는 동화를 쓴 작가로 유명한 하마다 히로스케(浜田広介)도 보인다. 잠시 뒤 문이 조용히 열리더니 최근 새로 가입한 회원 한 사람이 조심스레 얼굴을 내민다.

"실례하겠습니다. 구루시마 선생님께서는 오늘도 안 계신가요?"
"지금은 시코쿠(四国) 순회강연 중이세요."
"여전히 바쁘시네요. 3대 동화구연가 중 한 분이셨던 사자나미 선생님이 돌아가셔서 더 바빠지셨는가 봅니다."
"음, 그 3대 동화구연가라는 말에 나는 도저히 동의를 못 하겠어. 아무리 생각해도 그건 아닌 것 같거든."

아라이 타로(新井太郎)가 심각한 얼굴로 말을 이어 나갔다.

"물론 세간에서는 구루시마 선생님, 사자나미 선생님, 기시베 선생님 이 세 분을 3대 동화구연가라고 부르지만 한번 잘 생각해 보세요. 세 분이 얼마나 달랐는지. 그런 세 분을 한데 묶어서 정의해 버리는 게 이상하지 않나요?"

"그거야 그렇지."

"맞아. 그 말도 일리가 있어. 사자나미 선생님에게 동화구연은 예술 활동이었지. 소설가, 아동문학가, 편집자, 저널리스트, 거기다 하이진(俳人, 시인)으로도 대단하시지 않았나?'

"그 말씀도 기억나요. 예술에는 스승과 제자가 없다. 예술은 가르칠 수 있는 것도 아니고 배워서 익힐 수 있는 것도 아니다. 형님도 기억하지죠? 사자나미 선생님이 하신 말씀."

"기억하고말고. 그래서 연구회나 후진 양성 같은 걸 아예 안 하셨지 않은가?"

"동화구연을 하는 스타일도 세 분 모두 완전히 다르셨잖아요. 사자나미 선생님은 하이가(俳画, 하이쿠를 표현한 간략한 그림) 열 장에 동화구연 두 군데라는 말이 있을 정도였으니까요."

"네? 그게 무슨 뜻이죠?"

"사자나미 선생님은 사례금 대신 하이가를 신청받아 판매하셨기 때문에 동화구연회와 하이가 반포회(頒布会)가 한 세트였거든요. 동화를 그린 그 하이가 그림이 또 얼마나 인기가 많았는지 몰라요."

"나도 일전에 한 폭 부탁해서 받아 뒀지. 사자나미 선생님의

하이가는 옛날이야기들을 절묘하게 표현해서 말 그대로 '동화 하이가(お伽俳画)'라고 부를 수 있지."

"저는 그 시와 그림에서 사자나미 선생님의 진면목을 찾을 수 있다고 생각해요."

"1923년이었나. 사자나미 선생님의 규슈 순회강연이 있었는데 그때 하루에 여섯 번이나 동화구연을 하시고 하이가 신청이 쇄도해서 일주일에 6백 장이나 그리셨다는 소식을 신문에서 읽은 적이 있어."

"우리같이 평범한 사람들은 흉내도 못 낼 일이죠."

"기시베 선생님은 어떤 스타일이세요?"

"그 벼락영감? 그야 영유아 맞춤형 동화구연으로는 독보적인 존재지."

"구루시마 선생님이랑 사자나미 선생님은 동화를 대중화시키겠다고 전국을 돌아다니며 구연을 하셨지만 기시베 선생님은 처음부터 동양 유치원이라는 고정 청중을 가지고 있었으니 뭐 애초에 출발점이 달랐다고 할 수 있지."

"보통 유치원 원아들은 7분 이상 이야기에 집중을 못 하는데 기시베 선생님이 이야기를 시작하면 30분도 눈을 반짝거리면서 듣고 있다니까. 그것은 마치 일본 전통무용 같은, 뭐랄까, 예술의 경지라고 할 수 있어."

"저는 기시베 선생님 동화구연을 처음 들었을 때 너무 천천히 말씀을 하시니까 이거 사람을 바보 취급하는 것 아닌가 그런 생각까지 들더라니까요. 그걸 구루시마 선생님께 말씀드렸더니 우리가 어른의 마음으로 듣기 때문에 그렇게 들리는 거라고 하셔서 그때 무릎을 탁 쳤죠."

"일종의 울림인 것 같아. 아이들은 말보다도 울림을 더 강하게 받아들이니까."

"기시베 선생님은 한 가지 이야기를 천 번 이상 구연해 보지 않으면 그 이야기가 온전히 자기 것이 되지 않는다고 말씀하셨다죠?"

"그러니 벼락영감이지. 교육을 받고 있는 난난카이(喃々会) 사람들한테 들었는데, 히야~ 어마무시할 정도로 집요하게 반복을 시킨다잖아."

"그리고 보니 요즘 기시베 선생님께서 동화협회 일을 빠르게 추진하고 계신다던데 그걸 구루시마 선생님께서 받아들이실까요?"

"글쎄, 어렵지 않을까 싶네."

사자나미 사망 후 일본의 동화구연 세계는 타케히코의 가이지카이(回字会, 1910년 설립)와 기시베 후쿠오의 난난카이(喃々会, 1924년 설립)로 나뉘어졌다. 그러나 그렇게 나누지 말고 동화구연 세계를 하나로 묶자는 소리들이 모여 1940년 새해가 밝자마자 타케히코와 기시베 후쿠오는 '동화협회'라는 조직을 새로 만들기로 합의했다.

그런데 회원을 모으고 협회를 구체적으로 구성해 나가는 과정에서 두 사람의 지향점이 다르다는 사실이 분명해졌다. 타케히코는 동화구연을 수단으로 한 사회교육을 목표로 했기 때문에 동화구연법이나 화술을 배우고 싶은 사람이라면 나이, 성별, 직장, 계급 등에 상관없이 폭넓게 받아들이려고 했다. 덕분에 가이지카이에는 인간관계, 소통법, 커뮤니케이션, 화술 등에 관심이 있는 자영업자, 의사, 군인, 정치인 등 사회 각층의 다양한 사람들이 회원으로 들어오게 되었다.

반면 기시베 후쿠오는 동화구연 그 자체를 목적으로 했기 때문에 일정한 기준을 만들어서 회원 자격을 부여하고 협회를 구성하려고 했다. 그 후 며칠 뒤 타케히코가 시코쿠(四国)를 순회강연하고 있는 동안 기시베 후쿠오는 자신이 생각했던 방향으로 협회의 방침을 구체적으로 진행시켜 버렸고 타케히코의 제자들은 그 점을 염려하고 있었던 것이다.

그리고 결국 시코쿠에서 돌아온 타케히코가 이 모든 사실을 알게 되었다. 지금 바로 오라는 전화를 받고 아라이 타로(新井太郎)가 타케히코의 사무실로 부리나케 달려왔다.

"나는 이제 이 동화협회 일에서 손을 떼겠네. 기시베 군이 생각하는 대로 진행시키게. 다만 나는 생각이 완전히 다르네."

아라이는 이렇게 화난 기분을 분명하게 얼굴에 드러내는 타케히코를 처음 봤다.

"저, 선생님, 모처럼 하나가 되려고 하는 동화계가 다시 두 개로 갈라지는 것은 너무 아쉬운 일인 것 같습니다."

"하지만 나는 기시베 군 같은 생각이라면 협회를 만드는 의미가 없다고 생각해. 그래도 자네는 나한테 하라고 할 텐가?"

"저…… 만약에, 기시베 선생님이 선생님 의견에 따르겠다고 하시면, 선생님은 생각을 다시 한번 해 봐 주시겠습니까?"

"그야 물론이네. 하지만 기시베 군이 그렇게 해 줄 거라고 자네는 생각하는가?"

"선생님, 한 시간만. 딱 한 시간만 여기서 기다려 주시겠습니까? 제가 지금 가서 기시베 선생님을 만나고 오겠습니다!"

늦더위가 기승을 부리는 날이었다. 아라이는 땀을 닦는 것도 잊고 정신없이 달려 나갔다. '벼락영감'이라는 별명이 붙을 정도로 엄하고 무섭기로 소문난 기시베 후쿠오를 처음으로 만나러 가는 길이다. 타케히코보다 한 살 많은 기시베는 올해 67세. 기시베는 아라이의 이름조차 모른다. 만나 줄지 어떨지조차 의문이었다. 다행히 그는 땀을 뻘뻘 흘리고 뛰어온 아라이를 만나 주었다. 아라이는 필사적으로 설명했다.

"기시베 선생님, 어떠실까요?"

"어쨌든 구루시마 군을 만나게 해 주게."

아라이는 타케히코에게 전화를 걸었다.

"그럴 필요 없네."

타케히코의 대답은 차가웠다.

타케히코가 전화를 끊어 버린 뒤에도 아라이는 다시 한번 기시베를 설득하기 시작했다.

"어쨌든 아라이 군, 구루시마 군을 만나게 해 주게."

기시베는 같은 말을 반복했다. 아라이는 다시 타케히코에게 전화를 걸었다.

"선생님, 기시베 선생님을 지금 바로 모시고 갈 테니 잠깐만 기다려 주십시오."

"자네는 그럴 필요가 있다고 생각하는가?"

아라이는 마른침을 꿀꺽 삼킨 뒤 힘주어 대답했다.

"네, 있다고 생각합니다."

"좋아. 알겠네."

아라이는 기시베 후쿠오를 모시고 택시를 탔다. 택시 안에서 기시베 후쿠오는 한마디도 하지 않았다. 타케히코의 사무실에 들어서자 언제나처럼 가이지카이(回字会) 선배들이 여러 명 둘러앉아 두런두런 이야기를 나누고 있었지만 아라이는 아무런 설명도 하지 않은 채 선배들에게 돌아가 달라고 부탁했다. 사무실에 들어온 기시베 후쿠오는 인사도 하지 않고 성큼성큼 타케히코 앞으로 걸어갔다. 그리곤 덥석 타케히코의 손을 잡더니 눈물을 뚝뚝 흘리는 것이다. 이어서 그는 천천히 말했다.

"구루시마 군, 자네가 지향하는 대로 동화협회를 만들어 주게. 나는 자네 의견에 따름세. 자네 말대로 하세."

그러자 이내 타케히코도 주르륵 눈물을 흘렸다. 기시베 후쿠오는 이번에는 아라이의 손을 잡았다.

"자네 역할이 컸네. 잘해 줬어. 고맙네. 앞으로도 잘 부탁하네."

타케히코와 기시베 후쿠오는 그렇게 손을 맞잡고 한참을 울었다. 그 옆에서 아라이는 어안이 벙벙해서 어정쩡하게 서 있었다.

이런 우여곡절 끝에 '동화구연을 통한 사회교육 실천'이라는 타케히코의 신념이 기본 토대가 되어 1941년 6월 3일, '일본국민동화협회'가 정식으로 결성되었다. 타케히코가 회장, 기시베 후쿠오가 부회장이 되어 결성된 이 단체는 그 뒤로도 일본 동화계에 새로운 바람을 불러일으키며 다양한 활동들을 이어 나갔다.

타케히코는 늘 입버릇처럼 말하곤 했다.

"내가 침묵하면 돌들이 소리 지르리라."

그에게는 입을 닫고 가만히 있을 수 없게 만드는 무언가가 항상 가슴속에 끓어오르고 있었다. 그래서 타케히코에 대해서 말을 할 때는 그의 '정신'에 대해서 이야기하지 않을 수 없다. '구루시마 정신'이라고 할 수 있는 그의 이런 신념을 기념하고자 타케히코를 따르는 사람들은 '모모타로주의(桃太郎主義)'를 본떠 타케히코 동화활동 30주년을 기념한 모모타로 동상을 건립하고

'모모타로 축제'를 열기로 했다.

먼저 동상은 1936년 고베시(神戸市)에 있는 여름학교 교정에 모모타로 동상 제1호를 건립하고 다음 해 나라현(奈良県) 아야메이케(あやめ池) 유원지 안에 제2호를, 그 2년 뒤에 기타큐슈시(北九州市) 이토즈(到津) 유원지 안에 제3호를 건립해 그를 따르는 마음을 널리 표현하고자 했다. 동상은 조각가 와타나베 오사오(渡辺長男)의 작품이었다. 그리고 이 모모타로 동상을 세운 곳에는 매년 모모타로 축제도 개최되었다.

참고로 제3호 동상이 세워진 이토즈 유원지는 1932년 7월 31일, 규슈덴키키도(九州電気軌道) 주식회사(현 서일본철도)의 창립 25주년 기념사업으로 탄생한 곳으로, 이듬해에는 동물원도 개장했다. 이 규슈덴키키도의 전무인 무라카미 코지(村上巧児)는 타케히코의 죽마고우로 타케히코와는 특별한 우정을 키워 온 사람이었다. 이뿐만 아니라 이토즈 유원지의 원장인 아난 데쓰로(阿南哲朗)는 타케히코의 제자였다. 이런 배경 덕분에 1937년 8월부터 아난 데쓰로의 기획으로 여름학교가 시작되었고 곧이어 살아 있는 아동교육을 지향하는 동물원이 탄생한다. 타케히코는 이 여름학교의 초대 학교장이 되어 생의 마지막까지 22년간 단 한 차례도 빠지지 않고 매년 참석해 동화구연을 하며 아이들과 함께 지냈다.

1941년 12월, 태평양전쟁이 시작되었다. 불안한 정세 속에서도 타케히코는 동화구연 행보를 계속 이어 나갔다. 1942년 9월 24일에는 당시 황태자 전하가 거처하는 곳으로 초대돼 동화를 구연했는데, 육아의 신으로 기록되는 치이사코베노스가루(《일본서기》에 등장하는 유랴쿠 천황 시대의 호족)에 대한 이야기였다. 이어 1943년 5월에는 〈진무천황의 동쪽 정벌〉이라는 신화 이야기를 책으로 엮어 내기도 했다. 또한 구스노키 마사시게(楠木正成)라는 가마쿠라 시대의 무장과 그의 스승인 로카쿠보(瀧覺坊)에 대한 조사를 시작하고 그해 11월에 관련 서적(《大楠公と恩師瀧覺坊》)을 출간했다. '로카쿠보'에 관한 책을 출판한 것은 당시로서는 타케히코가 처음이었다.

1944년 6월 15일, B-29에 의한 미군 최초의 일본 본토 공습이 시작되면서 35년간 경영해 온 사와라비 유치원이 소개령(疎開令)으로 폐쇄되었다. 유치원 폐쇄를 보기 싫었던 것일까, 1년 전인 7월 2일, 미네 부인이 세상을 떠났다.

이토즈 유원지의 여름학교에서 동화를 구연하는 타케히코, 1937년

이토즈 유원지에 세운 모모타로 동상 앞에서 동화를 구연하는 타케히코, 1938년

좋은 사람이 걸어간 발자국에는 꽃이 핀다.

良い人の歩いた跡には花が咲く。

제15장

그 발자국 위에 피어난 꽃

1945년 5월.

"구루시마 선생님! 전보 왔습니다!"

타케히코는 강연을 위해 나라현 요시노군 토쓰카와무라(奈良縣吉野郡十津川村)에 와 있었다.

"선생님, 왜 그러십니까?"

한참을 우두커니 서서 말없이 전보를 들여다보던 타케히코가 담담하게 말했다.

"유치원도, 집도, 서고도 다 재로 변했어. 이제 이 늙은 몸뚱어리 하나만 남았네."

1945년 5월 25일, 도쿄 공습으로 유치원과 집이 전소했다.

두 달 전인 3월 10일 대공습 때는 첫째 딸 후쿠코(福子) 집이 불에 탔고 사위가 큰 화상을 입었다. 그리고 아들 노리히코(典彦)를 안겨 준 스즈키 미요코(鈴木美代子)가 사망했다.

5월 31일, 타케히코는 버스를 타고 토쓰카와무라 우에노지(十津川村上野地)에 도착해 강을 건너기 위해 긴 흔들다리 앞에 서 있었다. 사람이 걸어가면 흔들다리가 심하게 요동을 쳐 댔다. 보고만 있어도 어지러워서 도저히 걸어갈 수가 없다. 그때 도쿄에서 토쓰가와무라로 피난 나와 있던 시인, 노나가세 마사오(野長瀨正夫)가 타케히코를 데리러 왔다. 노나가세의 등에 업혀 흔들다리를 건넌 타케히코는 예정대로 무사히 연단에 서서 강연을 할 수 있었다.

  순회강연을 마치고 6월 4일, 당시 기거하고 있던 나라시 쓰바이쵸(奈良市椿井町)의 나라여학원(寧楽女塾)으로 돌아왔다.

  "선생님, 손님 오셨습니다."

  학원장 후쿠다 모토에(福田素江)가 부르는 소리를 듣고 밖으로 나가 보니 간노 히로(菅野ヒロ)가 헬쓱한 얼굴로 서 있었다. 간노 히로는 8년 동안 타케히코 집에서 일을 도와준 가족과도 같은 사람이었다. 간노 히로는 다케히로의 얼굴을 보자 와락 울음을 터트렸다. 그리고는 울먹이며 집과 유치원이 불에 타 무너져 내리던 상황을 자세히 설명했다.

  타케히코는 잠자코 그녀의 말을 듣고 있었다. 이번 공습으로 목숨을 잃은 친구와 지인들의 이야기도 전해 들었다. 이야기를 다 들은 타케히코는 방으로 들어가 작은 천 가방을 하나 둘러메고 간노 히로와 함께 도쿄로 향했다. 그리고 6월 9일 오전 10시,

화마가 휩쓸고 지나간 집터에 섰다. 잿더미로 변한 그곳에서 타케히코는 어린아이처럼 하염없이 울고 또 울었다.

6월 12일, 타케히코는 다시 길을 나서 나라(奈良)로 돌아가 이틀을 지낸 뒤 15일에는 후쿠오카(福岡)에 도착해 서일본철도의 후쿠오카 지사와 구루메(久留米) 지사에서 강연을 했다. 17일엔 오이타현 구스마치(玖珠町)에 가서 동사무소(役場)와 안라쿠지(安楽寺), 고린지(光林寺)에 들렀다. 이 고린지에는 이듬해 타케히코를 존경하고 따르던 야하타 쓰나키(矢幡綱記)가 다카스 짓센 여학교(鷹巣実践女学校)를 세우고 1954년에 바이카 여자전문학교(梅香女子専門学校)로 개명한 뒤 타케히코를 교장으로 맞이하게 된다.

6월 17일 구스마치에 들린 타케히코는 그날 밤 히타(日田)에 있는 구사노 추에몬(草野忠右衛門) 집에서 묵고 다음 날은 다시 구루메(久留米)로 가서 강연을 했다. 또 19일에는 후쓰카이치(二日市)에 있는 학교를 돌며 강연을 이어 갔다. 저녁이 되어 그날 밤은 후쿠오카의 아오키료칸(青木旅館)에 몸을 뉘였다. 그런데 잠이 들려는 순간 엄청난 굉음과 함께 사이렌이 울려 퍼졌다. 미군의 초대형 폭격기 B29가 후쿠오카 상공을 급습한 것이다. 타케히코는 급히 료칸을 빠져나와 후쿠오카 우체국의 아치형 지붕 아래에 서서 후쿠오카 시내가 화염에 휩싸여 불바다로 변해 가는 광경을 목격했다. 문제는 불길이 점점 가까워진다는 것이었다. 하는 수 없이 우체국 뒷문으로 달려 나가 우연히 발견한 소방서로 도망쳐 들어갔다.

"선생님! 구루시마 선생님!"

"아니, 자네 히노군 아닌가."

"다행입니다 선생님, 무사하셔서 천만다행입니다."

"고맙네, 자네도 괜찮은가? 다친 데는 없고?"

소방서 안에는 〈보리와 병사〉(1938)라는 종군 일기 형식의 장편소설로 유명한 히노 아시헤이(火野葦平, 소설가, 1907~1960)도 도망쳐 와 있었다. 그렇게 얼마의 시간이 흘렀을까, 고막을 찢을 듯 후쿠오카의 밤하늘을 뒤덮고 끝없이 공격을 퍼부어 대던 61대의 B-29의 굉음이 멈췄다. 시간은 어느새 두 시간을 훌쩍 지나 있었다.

"선생님, 이거 좀 드세요."

히노 아시헤이가 주머니에서 뭔가를 주섬주섬 꺼내더니 타케히코의 손에 건네줬다. 타케히코는 가만히 손을 펴 그것을 쳐다봤다. 카치쿠리(かち栗)라고 하는 말린 밤이었다. '카치(勝ち)'라는 일본말이 '승리'를 뜻하므로 카치쿠리는 승리나 성공을 기원하거나 축하할 때 사용하는 행운의 음식으로도 알려져 있다.

"카치쿠리로군……. 살아남은 축하 선물이구나. 히노 군, 고맙네."

6월 19일, 이날은 타케히코의 일흔한 번째 생일이었다.

타케히코가 아오키 료칸을 빠져나온 시각, 그의 죽마고우인 무라카미 코지(村上巧児, 서일본철도 초대 사장)도 공습경보를 듣고 현관문을 가까스로 빠져나오고 있었다. 곧이어 간발의 차로 폭탄이 지붕에 떨어졌고 현관문 앞에도 불길이 치솟았다. 이 터지는 폭탄으로 인해 무라카미 코지는 화염 폭풍을 맞고 순간 몇 미터쯤을 날아가 떨어졌다. 다행히 달려온 집사의 부축을 받으며 그는 불에 타는 집을 한번 뒤돌아볼 여유도 없이 오호리 공원(大濠公園)을 향해 달렸다. 그러나 오호리 공원마저 이미 불바다로 변했다는 것을 알고 롯폰마츠(六本松) 쪽으로 방향을 틀었다. 이 엄청난 혼란 속에서 유모차를 탄 노인 한 명이 눈길을 끌었다. 놀랍게도 그는 규슈의 탄광왕이자 다이쇼 시대 3대 미인이라고 불린 시인, 야나기와라 뱌쿠렌(柳原白蓮)과의 결혼으로도 큰 화제가 된 이토 덴에몬(伊藤伝右衛門)이었다.

이토 덴에몬은 화상을 입은 무라카미 코지의 얼굴을 보자 어찌할 바를 몰라 탄식하듯 울기 시작했다. 그러나 더는 지체할 수도 없어 서로가 무사하기를 기원하며 발길을 돌렸다. 그렇게 걸어 걸어 4시간 넘게 도망칠 곳을 찾아 헤매던 그는 미나미야쿠인(南薬院)에 있는 지인 집으로 겨우 피신할 수 있었다.

다음 날 새벽, 동이 트기도 전에 타케히코가 수소문 끝에 무라카미 코지가 있는 곳을 찾아와 그의 상처를 안타까워하며 위로했다. 둘은 아침을 함께 먹은 뒤 무라카미 코지는 남고 타케히코는 다시 나라(奈良)로 돌아갔다.

 히로시마(広島)에 원자폭탄이 떨어졌다. 이틀 뒤 8월 8일, 타케히코는 도쿄(東京)의 간다가쿠시(神田学士) 회관에 있었다. 여기서는 일본소국민문화협회(日本少国民文化協会)의 집회가 한창으로, 오키나와(沖縄)에서 미나미규슈(南九州)로 옮겨진 아이들을 위문 방문하는 안건을 둘러싸고 열띤 토론이 벌어지고 있었다.
 당시 일본 본토의 방파제 역할을 한 오키나와(沖縄) 전투를 앞두고 군과 정부는 민간인이 섬에 있으면 대담하게 전투를 할 수 없다는 이유로 민간인을 규슈 지역으로 옮기기 위해 배로 실어 나르고 있었는데 여기에 소개(疎開) 중인 아동의 수가 무려 8천 5백 명에 육박했다. 그중에 오키나와에서 온 무연고자 아동은 주로 미야자키(宮崎)와 구마모토(熊本)에 수용되어 있었다.
 "히로시마에 신형폭탄이 떨어졌답니다."
 무거운 분위기 속에서 사무국 차장인 후쿠다 기요토(福田清人, 아동문학작가)가 입을 열었다.
 "이런 상황에서 규슈(九州)까지 가는 건 무리죠."
 "그럼, 무리지. 죽으러 가는 거나 진배없지."
 결국 규슈 위문 활동은 중지해야 한다는 쪽으로 분위기가 기울고 있었다.
 그때였다.

"갑시다. 여기서 멈추면 안 돼!"

타케히코의 굵고 힘 있는 목소리가 회관에 울려 퍼졌다. 이 한마디에 하라 마사루(原まさる, 동화작가), 히로타 류타로(弘田龍太郎, 작곡가), 사사키 스구로(佐々木すぐる, 작곡가), 미야오 시게오(宮尾しげを, 만화가), 가와사키 카쓰오(川崎勝夫, 인형극), 이바 난테쓰(伊波南哲, 시인), 아난 테쓰로(阿南哲朗, 동화작가)가 찬성하는 목소리를 냈다. 그렇게 해서 위문 방문이 결정됐다. 비록 포탄 속을 뛰어가는 한이 있더라도 아이들의 마음을 동화로 위로하기로 한 것이다. 이번 가을 한 달 동안 어른들은 몇 개의 그룹으로 나뉘어 미야자키(宮崎), 가고시마(鹿児島), 구마모토(熊本), 오이타(大分)를 방문하기로 했다. 전쟁의 화마 속 그 가여운 아이들의 눈을 꿈과 희망의 동화로 보듬어 주러 가기로 한 것이었다.

집회가 끝난 뒤 타케히코는 간노 히로(菅野ヒロ)의 친정집이 있는 후쿠시마현 다테군 료젠마치(福島県伊達郡霊山町)에 가서 잠시 머물며 8월 14일부터 다시 동화구연 활동을 시작했다. 그리고 15일. 군 사무소 숙직실에서 군수와 함께 라디오로 천황의 항복 방송을 들었다. 저조한 오디오 음질과 일본인에게도 어렵고 낯선 고전 일본어 발음으로 실제로 항복을 했는지조차 확신할 수 없게 만드는 내용이었다. 천황의 목소리를 일반인이 듣는 것도 처음인지라 충격과 혼란은 쉽사리 가시지 않았다. 어쨌든

일본 국민은 이 방송으로 비로소 일본이 패전했다는 사실을 알게 되었다. 전쟁이 끝난 것이다.

타케히코는 다시 나라(奈良)로 갔다. 9월부터 나라시 쇼부이케쵸(奈良市菖蒲池町)에 있는 쇼묘지(称名寺)에 살기로 한 것이다. 이곳과의 인연은 3년 전으로 거슬러 올라간다. 《소국민신문(少国民新聞)》의 고문을 맡고 있던 당시, 그 신문의 편집장이었던 다카하라 케이조(高原慶三) 등과 함께 차노유(茶の湯, 일본의 다도 의식)의 시조인 무라타 주코(村田珠光, 1422~1502)가 출가했다고 하는 쇼묘지를 찾아간 적이 있다. 그곳에서 무라타 주코의 위패에 합장하고 향을 피우고 차를 올려 공양했는데 당시 타케히코가 강조했던 말이 《매일신문(每日新聞)》(1942년 10월 21일)에 크게 실리기도 했다.

"우리 일본인들은 무라타 주코의 존재를 알고 차도를 통해서 일본 정신을 느끼고 배워야 합니다."

늘 바른 심성, 따뜻한 마음, '더불어 함께 살기'를 강조하며 남다른 일본정신을 강조했던 타케히코다운 주장이었다.

임시 거처이기는 하나 그 쇼묘지에 살게 된 것이다. 타케히코와 함께 나라여학원(寧楽女塾)도 쇼묘지로 옮겨오게 되었다. 쇼묘지의 본당에 다다미를 깔고 그곳을 '재봉 교실'로 사용했다. 복도로 연결된 서원(書院)은 반으로 나눠서 본당에 가까운 쪽은 꽃

꽃이와 다도 교실로 사용하고 구석 쪽 작은 부분은 타케히코의 방으로 사용하기로 했다. 나라여학원(寧楽女塾)의 고문이기도 했던 타케히코는 이곳에서 강연 외에도 영어나 다도를 지도하기도 했다. 또한 나라(奈良)에 머무는 동안 한 달에 한 번은 정기적으로 나라 소년형무소에서 동화구연을 했다.

쇼묘지를 거점으로 동화구연 활동을 한 지 3년이 지났다. 타케히코는 도다이지(東大寺)의 주지스님인 시미즈 코쇼(清水公照)와 함께 나라시 오가와쵸(小川町)에 있는 덴코지(伝香寺)를 찾아가 사찰 경내에 자신이 거처할 작은 집을 한 채 신축하고 싶다는 부탁을 했다. 그리고 1년 뒤 1949년 4월, 나라여학원(寧楽女塾)과 함께 쇼묘지에서 덴코지로 거처를 옮겼다. 쇼묘지를 떠날 때는 감사의 뜻을 담아 요시카와 세이지(吉川政治, 조소가)에게 부탁해 무라타 주코 조각상(테라코타)을 만들어 기증했다.

1949년 5월 15일, 무라타 주코의 기일 아침. 타케히코는 요시카와 세이지의 작업실로 가서 작은 오동나무 상자에 무라타 주코상을 넣고 미리 준비해 간 가마에 얹어 하얀 옷을 입은 사람들에게 가마를 들게 해 쇼묘지로 갔다. 이어서 본당에서 개안(開眼, 불상 제작 최종단계에서 눈동자를 그려 넣어 불상에 혼을 불어 넣는 의식) 공양을 하고 무라타 주코가 살았다는 도쿠로안(獨盧庵)이라 불리는 작은 차실에서 다도회를 열었다.

이날을 계기로 지금도 매년 무라타 주코의 기일에는 '주코 기일 법회'가 열려, 본당, 본존, 도쿠로안, 그리고 주코상이 그날만 특별 공개 되고 있다.

1950년 5월 5일에는 오이타현 구스마치(大分県玖珠町) 구루시마 씨 정원(旧久留島氏庭園)에 타케히코 동화활동 50년을 기념하는 '동화비석'(높이 7.12m, 폭 3.0m, 두께 0.72m)이 세워졌다. 거대한 자연석에는 타케히코가 존경한 다카시나 로센(高階瓏仙) 스님의 글씨로 '동화비 로센 서'라고 새겨졌다.

이 동화비는 1년 전 아난 데쓰로(阿南哲朗)가 제안하고 무라카미 코지(村上巧児), 후루이 로쿠히코(古井六彦, 제12대 모리마치 군수), 구사노 추에몬(草野忠右衛門), 아베 스에오(安倍季雄) 등이 찬성하면서 처음으로 동화비 건립 준비위원회가 결성되었다. 당시 건립 취의서를 전국에 배포하자 타케히코를 스승으로 따르는 사람 약 6백 명 외 찬성 및 동참하겠다는 이가 약 2천 명을 넘었다. 여기에 9천 명의 구스마치 주민들까지 한마음이 되어 이 사업의 추진에 동참할 뜻을 밝혔다.

먼저 기타큐슈시(北九州市) 이토즈(到津) 유원지에 있던 모모타로 동상이 동화비석을 지키는 수호신 역할로 구스마치에 기증되어 운반돼 왔다. 사실 모두 세 개였던 이들 모모타로 동상은 전쟁 중에 금속회수령(金属回収令)이 내려져서 1호와 2호는 사라지고 3호만이 겨우 아난 데쓰로의 필사적인 노력으로 살아남게 되었는데 드디어 동화비석 옆으로 제자리를 찾아오게 된 것이다. 이 모모타로 동상은 특히 운반돼 오는 과정이 대단했는데 무엇보다 인근의 어린이들이 대거 참여한 대규모 이벤트로 진행되었다.

1949년 7월 28일 아침, 모리(森) 소학교, 난부(南部) 소학교, 다카스(鷹巢) 보육원, 와카타케(若竹) 보육원 아이들 1천 명이 먼저 짐수레를 끌고 분고모리(豊後森)역까지 마중을 나갔다. 이날 열차로 도착하는 모모타로 동상을 맞이하기 위해서다. 도착한 동상은 곧이어 영차영차 짐수레에 실렸고 무려 270m의 밧줄이 이리저리 둘러져 동화비석 건설 예정지까지 옮겨져 왔다. 놀라운 것은 이 모든 것이 어린아이들의 손으로 진행되었다는 것이고 기차역에서 동화비석 예정지까지의 장장 2.5km 거리를 모두들 걷고 끌고 밀며 이 운반에 동참했다는 것이다. 말 그대로 자신들의 동화의 아버지요 스승을 기리는 일에 한 방울의 땀이라도 얹어 보겠노라 작은 손과 힘을 보태려 노력한 것이다.

그렇게 옮겨 온 모모타로 동상은 미리 설치된 임시대좌 위에 곧게 세워졌다. 그리고 그 동상이 지켜보는 가운데 동화비 건설 공사가 진행되었다.

구루시마 씨 정원(旧久留島氏庭園) 입구에는 와카타케(若竹) 보육원이 있었다. 이 보육원 건물을 개축해서 만든 곳이 현재의 구루시마 타케히코 기념관(2017년 개관)이다. 당시 이 보육원의 아이들이 밟으며 뛰어놀던 돌이야말로 동화비석으로 가장 적합하다는 타케히코의 의견에 따라 정원 내에 있는 연못 옆 길게 누워 있던 거대한 돌을 동화비석의 원석으로 골랐다.

건설 모금 운동도 전국적으로 벌어졌다. 먼저 타케히코가 늘 찾아가 동화를 들려줬던 나라(奈良) 소년형무소의 수용자 1천 2백 명은 작업 상여금을 쪼개 모은 헌금을 감사 편지와 함께 보내왔다. 또 전국의 소학교에서는 1엔 헌금과 함께 학교 이름이나 자신의 이름, 장래희망 등을 붓으로 쓴 작은 돌을 보내왔는데 그 수가 무려 4만 개에 달했다. 그리고 이 4만 개의 돌들은 특별히 동화비석 밑에 3m의 구멍을 파서 모두 넣어 그 작은 돌들을 기초로 동화비가 서도록 조치했다. 말 그대로 전국 아이들의 꿈과 희망 위에 일본 최초의 동화비가 세워졌음을 의미하도록 한 것이다.

그렇게 세워진 동화비는 1950년 5월 5일 오전 10시부터 제막식이 거행되었다.

"이 비석은 구스마치에서 태어난 제가 어린이들에게 동화를 들려주기 시작한 기념비입니다. 이 마을을 기점으로 해서 동화를 쓰거나 들려주는 사람이 일본 각지에 많이 나왔으면 좋겠습니다."라는 타케히코의 인사말이 울려 퍼졌다.

제막식이 끝난 뒤에는 제1회 일본 동화 축제가 개최되었다.

이후 매년 어린이날에는 일본 동화 축제가 열려 오늘에 이르고 있다. 타케히코는 예전에 유치원 개원도 5월 5일에 했을 정도로 5월 5일이라는 날짜에 큰 의미를 부여했는데 이날은 예로부터 단오(端午)날로 봄 중 가장 따뜻한 날이고 여름의 뜨거움이 오기 전 모든 사람들이 가장 자유롭고 즐겁게 하루를 즐기는 날이다. 타케히코가 특별히 좋아했던 이 5월 5일 단오날은 덕분에 1948년 일본의 어린이날로 제정되었다. 이 날을 어린이날로 제정하는 데 타케히코가 힘을 보탠 것은 너무도 당연한 일이었다.

동화비 제막식과 일본 동화 축제에 참석한 타케히코는 다시 나라(奈良)로 돌아가 덴코지(伝香寺)에 거주하며 동화구연 활동을 이어 나갔다. 다만 1953년 여름에는 발목을 삐어서 딸 부부의 성화에 못 이겨 도쿄로 돌아가게 되었다. 그리고 타케히코가 떠난 덴코지에는 이사가와(いさがわ)라는 이름의 유치원이 들어섰다.

타케히코가 도쿄로 돌아온 1953년에는 교토(京都) 아라시야마(嵐山)에 있는 호린지(法輪寺) 경내에 전국동화인협회에서 건립한 타케히코 80살 기념 동화비가 세워졌다. 현재까지 일본 전역에는 타케히코를 기념하는 동화비가 모두 4곳에 있지만 타케히코의 친필을 파서 만든 곳은 이 교토의 동화비가 유일하다. 특히 타케히코를 초대 회장으로 1952년에 결성된 일본 '전국동화인협회'는 지금도 매년 정기적으로 동화구연 활동을 하며 타케히코의 정신을 계승하고 있다.

타케히코는 정말로 거의 단 하루도 빠짐없이 동화를 구연했다. 70세 때는 1년 동안 4백60회의 동화구연을 했고, 85세 때는 연간 1백10회의 동화구연을 했다. 그의 소식을 전한 신문 기사와 잡지 외에 타케히코 스스로가 죽기 전까지 15년 동안 쓴 수첩을 조사해서 정확하게 계산한 숫자만으로도 약 2백만 명 이상이 타케히코의 동화를 들었다. 80대의 타케히코 수첩에는 여전히 빽빽하게 동화구연 일정이 메모되어 있었다.

이렇게 말로 들려주는 동화를 확립해서 일본 아동문화 향상에 공헌한 점이 인정되어 1958년에는 시주호쇼(紫綬褒章)훈장까지 수여받았다.

그는 말년에도 내내 쉬는 법을 모르는 시계추처럼 동쪽에서 서쪽으로, 북쪽에서 남쪽으로 동화구연 활동을 이어 나갔다. 어린아이들이 있는 곳이라면 산을 넘고 바다를 건너 어디라도 갔다. 고령이 되어 험한 길을 걷는 게 힘들어졌을 때는 젊은이들에게 업혀서 가기도 했다. 또, 그 옛날 고토 신페이처럼 가마를 타고 산길을 넘기도 했다. 쉼 없이 어린아이들을 찾는 그의 이런 발걸음은 1960년까지 이어졌다.

그 1960년 4월 29일, 타케히코는 요코하마시 오이마쓰(横浜市老松) 소학교에서 열린 여성교직원대회에 강사로 초빙되어

〈늑대가 키운 두 소녀〉에 대한 이야기를 전했다. 이 이야기에서 그는 사람은 교육을 받음으로써 비로소 진정한 의미의 사람이 된다고 힘주어 말했다. 이 강연이 그의 생애 마지막 강연이 되었다. 이곳 요코하마(橫浜)에서 일본 최초로 아이들을 대상으로 한 동화구연회를 개최한 지 57년 만이었다.

그해 5월 말. 가나가와현 즈시시(神奈川県逗子市) 스미다 병원에 입원한 타케히코는 내장암 말기라는 진단을 받고 다음 달 6월 27일 오후 9시 36분 향년 86세로 눈을 감았다. 그의 발걸음은 일본 전국 방방곡곡은 물론, 아프리카 내지, 남아메리카, 오스트레일리아를 제외한 모든 나라에 가 닿았고 이날이 되어서야 비로소 멈추었다.

해야 할 일도 미련도 더는 남지 않은 듯 그렇게 그는 조용히 다른 세상으로 떠났다.

모모타로 동상을 옮기는 천 명의 아이들, 1949년 7월 28일

동화비 제막식 겸 제1회 일본 동화 축제, 1950년 5월 5일

동화 강연 모습, 1959년

제15장 그 발자국 위에 피어난 꽃   229

구루시마 타케히코 연표

0세 **1874년 6월 19일**
오이타현 구스군모리마치(현 구스마치)에서 구루시마 미치히로(久留島通寬)와 에키(恵喜) 사이에 장남으로 탄생.

3세 **1877년 5월 23일**
여동생 테루(テル) 탄생.

7세 **1881년**
모리(森) 소학교에 입학.

9세 **1883년 12월**
큰 화재로 집과 초등학교가 전소됨. 나카쓰(中津)에 있는 외갓집에 맡겨져 도노마치(殿町) 소학교로 전학.

13세 **1887년 3월**
오이타 중학교에 입학.

14세 **1888년**
미국에서 웬라이트가 영어교사로 오이타 중학교에 부임해 옴. 영어 공부와 신앙생활의 지도를 받음.

15세 **1889년**
중학교 졸업식에서 재학생 대표로 전교생 앞에서 송별인사를 함.

16세 **1890년**
고베(神戶)에 새로 생긴 간세이가쿠인(関西学院)으로 이직하는 웬라이트를 따라 간세이가쿠인 보통학부에 입학.

17세 **1891년 3월 25일**
아버지 사망. 본가의 명령으로 해군 예비 학교(攻玉社)에 입학.

18세	**1892년**
	몰래 학교를 탈출해서 간세이가쿠인으로 돌아옴. 본가에서 제명당하고 경제적인 지원이 끊김.
19세	**1893년**
	고베 미이교회(美以) 일요학교의 교장으로 임명되어 아동교육을 경험함. 어머니와 여동생을 고베로 불러 같이 생활함. 아르바이트로 생활비를 벎.
20세	**1894년 12월 1일**
	근위사단 보병 제1연대에 입대.
21세	**1895년**
	요동반도에 상륙. 군대 생활에 대해서 쓴 원고를 '오노에 신베(尾上新兵衛)'라는 필명으로 도쿄의 하쿠분칸(博文館)에 투고해 《소년세계》에 10개월에 걸쳐 연재됨. 기타시라카와노미야 요시히사 친왕(北白川宮能久親王)의 통역관이 되어 하사로 승진. 11월, 도쿄로 귀환.
22세	**1896년**
	군대 동기인 기도 추타로(木戸忠太郎)의 소개로 오자키 코요(尾崎紅葉)를 만나 이와야 사자나미(巖谷小波)를 소개받음.
23세	**1897년**
	이와야 사자나미 집에 기거하며 사자나미를 중심으로 한 문학연구회 '목요회'를 결성함. 〈아기 거미〉, 〈방울벌레〉 등의 동화를 집필하는 한편 《육군군인생활》(博文館)을 출판. 하마다 미네(浜田ミネ)와 결혼. 3년간의 군대생활을 마치고 제대함.
24세	**1898년**
	고베신문사에 취직해서 고베로 거처를 옮김.
25세	**1899년**
	군사휘보사(軍事彙報社)로 이직해서 도쿄로 돌아옴. 《일용백과전서 제41편 국민필휴 육군1반》(博文館)을 출판.

26세 **1900년**
요코하마의 무역회사로 이직하지만 얼마 뒤 일본우선(郵船)회사 상하이 지점장 비서로 취직해 혼자 상하이로 건너감. 《전진(戦塵)》(文武堂) 출판.

27세 **1901년**
베이징의 의화단사건으로 회사가 폐쇄되어 실직. 대동기선회사(大東汽船会社)의 시라이와 류헤이(白岩龍平) 사장에게 도움을 받아 미네 부인을 불러 쑤저우(蘇州), 항저우(杭州) 등을 관광한 뒤 귀국. 오사카 매일신문사에 입사. 10월 20일 어머니 에키 사망.

28세 **1902년**
3월 11일 장녀 후쿠코(福子) 탄생.

29세 **1903년**
요코하마 무역회사에 입사하지만 얼마 안 가 회사가 도산. 요코하마무역신보사(현 가나가와신문사)에 입사. 7월 15일, 요코하마에서 일본 최초 동화구연회를 개최. 10월 3일, 4일, 일본 최초 아동연극 개최. 도쿄 중앙신문사에 이직해서 〈궁녀 생활(お局生活)〉을 53회에 걸쳐 연재.

30세 **1904년**
러일전쟁에 소집되어 한국 인천의 경리부에 배치된 뒤 경성(현 서울)의 사령부에서 근무.

31세 **1905년**
귀국해서 중앙신문사에 복귀.

32세 **1906년**
3월, 소년소녀의 사회교육기관으로서 동화구락부(お伽俱楽部)를 설립하고 정기적으로 동화구연회를 개최. 9월 하쿠분칸(博文館)에 입사해서 소년세계강화부(少年世界講話部)의 주임이 됨(중앙일보사와 겸직). 11월 3일 중앙신문 일요부록으로 일본 최초 어린이 신문 《홈》을 창간. 아동극 각본 《개구리 피리》(金尾文淵堂) 출판.

33세	**1907년**
	이와야 사자나미와 전국을 순회하며 동화구연 활동을 실시. 환등기로 사진을 보여 주며 이야기를 들려주는 '동화환등대'라는 이름으로 동북 지방을 순회. 일본 최초의 전문아동극단인 '도쿄아동극협회(東京お伽劇協会)'를 설립해서 정기공연을 개최. 6월, 중앙신문사를 퇴사. 《궁녀 생활》(文禄堂書店) 출판.
34세	**1908년**
	2월 2일, 차녀 후지코(不二子) 탄생. 일본 최초 세계 일주 관광 여행에 통역으로 참가. 주고쿠(中国)에서 규슈(九州) 지방을 순회하며 동화구연을 함.
35세	**1909년**
	5월, 《동화연극 신모모타로(お伽芝居新桃太郎)》(활동사진대본)를 출판. 호쿠리쿠(北陸) 지방을 순회하며 동화구연. 9월 1일 고쿠라(小倉) 보병 제47연대 제3대대 본부에 입영. 15일 아침, 제대. 향토장남감을 수집하기 시작.
36세	**1910년**
	장난감 연구 모임인 쇼니카이(小児会)와 동화구연 연구회인 가이지카이(回字会)를 설립. 5월 5일, 도쿄에 사와라비(早蕨) 유치원을 개원.
37세	**1911년**
	동화구락부의 기관지인 《동화구락부》를 창간하여 일본에 보이스카우트를 소개함. 사비로 미국 시찰여행에 나섬.
38세	**1912년**
	137일 만에 귀국해서 동화구연을 재개. 귀국 시 일본에 최초로 몬테소리 교구를 가지고 들어옴. 영어 학원 '이튼 영어학교'를 설립.
39세	**1913년**
	첫 동화집 《구루시마 동화강단(お伽講壇)》(冨山房) 출판.

40세 **1914년**
기도 추타로(木戸忠太郎)의 초대를 받아 만주 동화구연 여행.

41세 **1915년**
대만, 조선 동화구연 여행. 10월, 도쿄 요요기(代々木)에 사와라비 유치원 2호점을 개원.

42세 **1916년**
남양시찰단(南洋視察団)에 참가. 《통속웅변술》(廣文堂) 출판.

43세 **1917년**
도쿄 아오야마고쇼(青山御所)에서 황태자(나중의 쇼와천황)와 다카마쓰노미야(高松), 지치부노미야(秩父宮)에게 동화를 구연함. 동화집 《동화 작은망치(お伽小槌)》(冨山房) 출판.

44세 **1918년**
조선 동화구연 여행. 장녀 후쿠코가 나카노 히데사부로(中野秀三郎)와 결혼.

45세 **1919년**
첫 손자인 미쓰코(通子) 탄생. 히로시마 순회 동화구연.

46세 **1920년**
유럽 시찰 여행. 시모이 하루키치(下位春吉)의 안내로 이탈리아의 영웅, 가브리엘레 단눈치오를 만나 군공휘장을 받음. 독일 등을 시찰하고 일본의 아이들에게 전쟁의 비참함과 평화의 소중함을 알려야겠다고 결심.

47세 **1921년**
만주 조선 순회 동화구연.

48세 **1922년**
아사히신문사에서 공로감사장을 수여받음. 일본동화협회와 나가사키 동화구락부의 고문이 됨.

49세	**1923년**
	2월, 이와야 사자나미(巖谷小波), 노구치 우죠(野口雨情) 등과 함께 아동음악연구회를 설립. 조선 동화구연여행. 이탈리아 동화집 《장화의 나라》(丁未出版社) 출판. 아타미(熱海) 소학교에서 강연을 하던 중 관동대지진 발생. 지진 발생 후 문부성에서 파견되어 각지를 순회하며 재해 상황을 알리는 강연을 실시.
50세	**1924년**
	덴마크에서 열린 제2회 세계 보이스카우트 대회에 일본파견단의 부단장으로 참가. 오덴세에서 안데르센의 위대함을 지역 신문사에 알림.
51세	**1925년**
	일본동화연맹의 고문이 됨. 7월 12일, 라디오 방송을 처음으로 시작한 도쿄방송국에 출연해서 〈인간의 수명〉을 구연함. 10월 17일, 18일, 제국극장에서 '안데르센 사후 50년 기념 동화 축제'를 개최함.
52세	**1926년**
	덴마크 국왕으로부터 문화 훈장을 수여받음. 조선 동화구연 여행. 오이타현 한다 고원에서 소년단 일본연맹의 합동 야영 대회를 개최함.
53세	**1927년**
	만주, 조선 동화구연 여행.
54세	**1928년**
	아베 스에오(安倍季雄)와 조선 동화구연 여행. 대만 동화구연 여행. 《동화술강화(童話術講話)》(日本童話協會) 출판.
55세	**1929년**
	대일본웅변회 고단샤(講談社) 20주년 기념사업의 일환으로 규슈 전역을 순회하는 동화구연을 실시.
	조선 동화구연 여행. 6월 16일, 제국극장에서 동화활동 25주년 기념 축하회를 개최. 6월 21일, 장남 스즈키 노리히코(鈴木典彦) 탄생.

56세	**1930년**
	담석으로 도쿄대학병원에 입원. 나라(奈良)에서 열린 제1회 아레축제(阿礼祭)에 참석함.
57세	**1931년**
	문부성의 의뢰를 받아 전국 순회강연.
58세	**1932년**
	대일본 웅변회 고단샤(講談社)의 의뢰를 받아 순회강연 실시. 연속 26일간 매일 저녁 7시에 동화구연회를 열어 총 4만 명을 동원함.
59세	**1933년**
	오사카 매일신문사(大阪毎日新聞社)의 촉탁으로 〈소국민신문〉의 고문이 됨. 9월 5일, 이와야 사자나미(巖谷小波) 서거. 사자나미 추모 동화축제를 개최.
60세	**1934년**
	《구루시마 명화집(名話集)》(東洋図書) 출판. 방송동화연구회를 창립해서 세계 명작동화를 방송함. 사자나미 1주기를 기념해서 사자나미 축제를 개최.
61세	**1935년**
	사와라비(早蕨) 유치원 창립 25주년 축하회 개최. 대만시정 40주년 기념 대만박람회를 견학하기 위해서 요시다 하츠사부로(吉田初三郎, 조감도 화가) 등과 함께 대만을 방문. 안데르센 동화 백 년 축제를 개최. 쇼와(昭和) 천황의 첫째 황녀, 데루노미야 시게코(照宮成子) 내친왕 10살 생일 파티에 초대되어 동화 〈토모가키(友垣)〉를 구연함.
62세	**1936년**
	《도쿄 아사히신문》과 《오사카 아사히신문》에 8회에 걸쳐 〈토모가키〉가 연재됨. 《동화 토모가키》(朝日新聞社) 출판. 동화활동 30년 기념 동화집 《이누하리코(いぬはりこ)》(教育社) 출판. 고베에 모모타로 동상 제1호가 건립됨.

63세	**1937년**

나라(奈良)에 모모타로동상 제2호가 건립됨. 기타큐슈시(北九州市) 이토즈(到津) 유원지에 여름학교가 개설되어 초대 학교장이 됨. 《이탈리아 애국동화》(新潮社) 출판.

64세	**1938년**

이토즈 유원지 경내에 모모타로동상 제3호가 건립되어 모모타로 축제가 열림. 10월 28일, 일본을 떠나는 웬라이트 송별회에 참석.

65세	**1939년**

제자 이쿠타 아오이(生田葵)가 타케히코의 일대기를 한 권의 책으로 엮은 《이야기 들려주는 구루시마 선생님》(相模書房)을 출판함.

66세	**1940년**

데루노미야 시게코(照宮成子) 내친왕에게 두 번째 동화구연을 함. 간세이가쿠인(関西学院) 창립 50년 축하모임에서 기념강연을 함. 에히메현(愛媛県)을 순회하며 동화구연을 함.

67세	**1941년**

일본국민동화협회를 결성하고 회장이 됨.

68세	**1942년**

황태자(헤이세이 천황)에게 동화구연. 《소국민신문(少国民新聞)》의 편집장, 다카하라 케이조(高原慶三) 등과 함께 나라(奈良)의 쇼묘지(稱名寺)를 방문해서 무라타 주코(村田珠光)의 헌차식을 함.

69세	**1943년**

5월에 《진무천황의 동쪽 정벌》(日向書房)을 출판. 11월에 《구스노키 마사시게(楠木正成)와 스승 로카쿠보(瀧覺坊)》(日向書房)를 출판. 7월 2일, 미네 부인 서거.

70세 **1944년**
오이타현 구스마치(玖珠町) 출신인 호아시 마사토(帆足正音) 중위 기념사업회 이사가 되어 《바다의 독수리 호아시예비중위(海の学鷲 帆足予備中尉)》(日向書房)를 출판. 소개령으로 사와라비 유치원이 폐쇄. 나라(奈良)로 피신. 제1회 소국민문화공로상을 오가와 미메이(小川未明, 아동문학가)와 함께 수상.

71세 **1945년**
도쿄 대공습으로 집과 유치원이 전소. 후쿠시마현 다테군 료젠마치(福島県伊達郡霊山町)에서 패전을 맞음. 나라(奈良)로 돌아가 쓰바이쵸(奈良市椿井町)에 있던 나라여학원(寧楽女塾)에서 임시 거주. 그 뒤 나라여학원과 함께 쇼묘지(稱名寺)로 옮겨와 생활. 나라에서 거주하는 동안 매달 나라소년형무소에 가서 동화를 구연.

72세 **1946년**
구스마치에 다카스 짓센 여학교(鷹巣実践女学校)가 개설되도록 지도. 오사카 순회 동화구연.

73세 **1947년**
도야마(富山), 기타규슈(北九州), 나라(奈良) 순회강연. 아동극 각본 〈웃는 구타로(笑う久太郎)〉를 발표.

74세 **1948년**
규슈(九州) 순회강연. 도다이지(東大寺)의 주지스님, 시미즈 코쇼(清水公照)와 함께 나라시 오가와쵸(小川町)에 있는 덴코지(伝香寺)를 찾아가 사찰 경내에 자신이 거처할 작은 집을 한 채 신축하고 싶다는 부탁을 함.

75세 **1949년**
4월, 나라여학원(寧楽女塾)과 함께 쇼묘지(稱名寺)에서 덴코지(伝香寺)로 거처를 옮김. 쇼묘지를 떠날 때 감사의 뜻을 담아 무라타 주코상(테라코타)을 기증함. 아난 데쓰로(阿南哲朗)의 발안(発案)으로 타케히코 동화활동 50년 기념 동화비 건립 준비위원회가 만들어짐.

76세 **1950년**
오이타현 구스마치(大分県玖珠町) 구루시마 씨 정원(旧久留島氏庭園) 안에 타케히코 동화활동 50년을 기념하는 동화비석이 세워지고 5월 5일, 제막식과 함께 제1회 일본 동화 축제가 개최됨. 동화활동 50년 기념동화집으로 《엉덩방아 찧은 곰》(推古書院)과 《바닷속 빛나는 항아리》(推古書院)를 출판.

77세 **1951년**
아오모리(青森), 오카야마(岡山), 나라(奈良) 순회 동화구연.

78세 **1952년**
전국동화인협회를 결성하고 초대회장에 취임. 산요(山陽)신문사 후원으로 오카야마현(岡山県) 순회강연.

79세 **1953년**
타케히코의 지도로 덴코지(伝香寺) 경내에 이사가와(いさがわ) 유치원 개원. 6월 25일, 전쟁으로 활동을 중지해 온 가이지카이(回字会)를 도쿄 아오야마(青山)의 히데사부로(秀三郎) 집에서 재개. 나고야 순회강연.

80세 **1954년**
교토(京都)의 호린지(法輪寺) 뒤뜰에 80세를 기념하는 동화비가 건립. 규슈(九州), 도쿄(東京), 에히메현(愛媛県) 순회강연.

81세 **1955년**
전일본이동교실연맹(현 일본청소년문화센터)의 초대 회장에 취임. 도쿄 히비야(日比谷) 공회당에서 안데르센 탄생 150년 축제를 개최. 잡지 《동화인》(제3년 제7호, 중부동화인협회발행)에 7월 15일을 '동화의 날'로 제정하자고 제창. (일본 최초의 동화구연회를 요코하마에서 개최한 날이 1903년 7월 15일이었던 것에 유래)

82세 **1956년**
오이타(大分), 교토(京都), 홋카이도(北海道) 순회강연.

83세	**1957년**
	아오모리시 순회강연.
84세	**1958년**
	효고(兵庫), 기타큐슈(北九州) 순회강연. 시주호쇼(紫綬褒章)훈장을 수여.
85세	**1959년**
	일본 동화 축제 10주년 및 타케히코 동화활동 60주년 기념 동화 축제가 구스마치(玖珠町)에서 성대하게 열림. 아이치현(愛知縣) 순회강연.
86세	**1960년**
	4월 29일, 요코하마시 오이마쓰(橫浜市老松) 소학교에서 열린 여성 교직원 대회에서 마지막 강연을 함. 6월 27일 오후 9시 36분, 가나가와현 즈시시(神奈川縣逗子市) 스미다 병원에서 내장암으로 서거. 무덤은 오이타현 구스마치 안라쿠지(安樂寺)에 있음.

2017년 4월 28일, 구스마치에 구루시마 타케히코 기념관이 개관.

참고문헌

신문

『京城日報』
『読売新聞』
『鹿児島新聞』
『毎日申報』
『東京日々新聞』

잡지

『少年世界』, 博文館(1895~1910)
『東洋戦争実記』, 博文館(1900)
『少女世界』, 博文館(1908~1910)
『冒険世界』, 博文館(1908~1912)
『婦人画報』, 婦人画報社(1910~1923)
『雄弁』, 大日本雄弁会, 大日本図書(1910~1929)
『お伽倶楽部』, お伽倶楽部出版部(1911)
『少年倶楽部』, 大日本雄弁会, 講談社(1915~1936)
『少女倶楽部』, 大日本雄弁会, 講談社(1924~1930)
『響』, 回字会(1938)
『口演童話』, 全国童話人教会(1954~1957)
『童話教育』, 第12巻 第9号, 日本童話教育会(1960)
『青少年文化』, 日本青少年文化センター(1972)

논문

游珮芸, 「久留島武彦と台湾」, 児童文学研究29, 日本児童文学学会(1996)

大津裕司, 「中央新聞時代の久留島武彦」, 史料館研究紀要第4号(1999)

渡辺良枝, 松川利広, 「久留島武彦と奈良に関する史的考察―寧楽女塾といさがわ幼稚園を中心に―」, 奈良教育大学紀要第56巻(2007)

金成妍, 「久留島武彦の朝鮮口演」, 九大日文10, 九州大学日本語文学(2007)

金成妍, 「巖谷小波と久留島武彦―久留島武彦を通して見る日本の口演童話史①」, 『叙説』 제3권 제10호(2013)

金成妍, 「野村徳七と久留島武彦―久留島武彦を通して見る日本の口演童話史②」, 『叙説』 제3권 제11호(2014)

金成妍, 「ボーイスカウトと久留島武彦―久留島武彦を通して見る日本の口演童話史③」, 『叙説』 제3권 제12호(2015)

金成妍, 「日本口演童話に対する一考察」, 『叙説』 제3권 제12호(2015)

金成妍, 「日本口演童話活動の成立と伝播過程研究」, 『日本近代学研究』 第48号(2015)

金成妍, 「久留島武彦が持ち帰った日本最古のモンテッソーリ教具―久留島武彦を通して見る日本の口演童話史④―」, 『叙説』 제3권 제15호(2017)

단행본

『関西学院青年会記録』, 関西学院青年会(1894)

巖谷小波, 『日本昔噺』, 博文館(1894~1896)

巖谷小波, 『世界お伽噺』, 博文館(1898~1907)

石川周行, 『世界一周画報』, 博文館(1908)

岸邉福雄, 『お伽噺の仕方の理論と実際』, 秀英舎工場(1909)

巖谷小波, 『小波身の上噺』, 伊藤敬次郎(1913)

宿利重一, 『大将夫人　乃木静子』, 東華堂(1913)

小柴博, 『軍国お伽噺』, 中西屋書店(1914)

巖谷小波, 『桃太郎主義の教育』, 東亜堂書房(1915)

巖谷小波, 『小波お伽口演集』, 大倉書店(1916)

野村徳七,『護謨と椰子』, 大阪國文社(1916)

下井春吉,『お噺の仕方』, 同文館(1917)

巖谷小波,『千馬帖』, 千里閣蔵版(1918)

大井冷光,『お伽の旅』, 玄文社(1919)

巖谷小波,『我が五十年』, 東亜堂(1920)

沖野岩三郎,『薄氷を踏みて』, 大阪屋号書店(1923)

松村武雄,『童話及び児童の研究』, 培風館(1924)

木村定次郎,『小波先生』, 非売品(1930)

小池長,『話道の足跡』, 中央講演協会(1930)

巖谷小波,『童話の聞かせ方』, 賢文館(1931)

『下位春吉氏熱血熱涙の大演説』, 大日本雄弁会講談社(1933)

安倍委雄,『いぬはりこ』, 家の教育社(1936)

『楚人冠全集』, 日本評論社(1937)

杉村廣太郎,『大英遊記半球周遊』, 日本評論社(1937)

坪谷善四郎,『博文館50年史』, 博文館(1937)

生田葵,『お話の久留島先生』, 相模書房(1939)

村上謙介,『ウェンライト博士伝』, 教文館(1940)

『桐の花　創立二十五周年記念号』, 大塚講話会創立二十五周年記念事業実行委員会(1940)

村上巧児,『還暦』, 高崎印刷所(1943)

村上順二,『野村得庵』, 本傳上・下(1951)

『関西学院七十年史』, 関西学院七十年史編集委員会(1959)

久留島秀三郎,『久留島武彦　偲ぶ草』, 非売品(1960)

上笙一郎,『日本の幼稚園―幼児教育の歴史』, 理論社(1965)

西日本鉄道株式会社,『村上巧児翁伝』, 井筒屋(1965)

『柳田国男集』第21巻, 筑摩書房(1970)

『日本ボーイスカウト運動史』, スカウト運動史編纂特別委員会(1973)

内山憲尚,『日本口演童話史』, 博文社(1973)

原田亮裕, 『高階瓏仙禅師伝』, 開明堂(1974)

巖谷大四, 『波の跫音』, 新潮社(1974)

『奈良県童話連盟五十年史』, 奈良県童話連盟(1975)

冨田博之, 『日本児童演劇史』, 東京書籍(1976)

草地勉, 『メルヘンの語部 久留島武彦の世界』, 西日本新聞社(1978)

久留島会, 『久留島武彦先生の思い出』, 非売品(1981)

高畠華宵, 『画家の肖像 高畠華宵の伝記と作品』, 沖積社(1982)

勢家肇, 『童話の先覚者 日本のアンデルセン久留島武彦・年譜』, 非売品(1986)

古村覚, 『阿南哲朗遺稿集 わらべごころ』, あらき書店(1992)

栗田治美, 『久留島藩士先祖書』, 文献出版(1992)

古村覚, 『北九州における久留島武彦先生を想う』, あきら書店(1993)

田中治彦, 『ボーイスカウト20世紀青少年運動の原型』, 中央公論社(1995)

村松貞次郎, 『日本の近代化とお雇い外国人』, 日立印刷(1995)

上平泰博, 『少年団の歴史 戦前のボーイスカウト・学校少年団』, 萌文社(1996)

大村歌子, 『天の一方から―大井冷光作品集』, 桂書房(1997)

田中治彦, 『少年団運動の成立と展開 英国ボーイスカウトから学校少年団まで』, 九州大学出版会(1999)

游珮芸, 『植民地台湾の児童文化』, 明石書店(1999)

轟義禮, 『童話の父 久留島武彦翁の生涯』, 藍書房(1999)

『大分県先哲叢書 久留島武彦 資料集』1~4, 大分県先哲資料館(2001~2003)

『玖珠町史』上・中・下, 玖珠町史編纂委員会(2001)

高崎宗司, 『植民地朝鮮の日本人』, 岩波新書(2002)

後藤惣一, 『大分県先哲叢書 久留島武彦』, 大分県教育委員会(2005)

野村みち, 『ある明治女性の世界一周日記』, 神奈川新聞社(2009)

小林健, 『日本初の海外観光旅行96日間世界一周』, 春風社(2009)

金成妍, 『越境する文学 – 朝鮮児童文学の生成と日本児童文学者による口演童話活動 - (比較社会文化叢書16)』, 花書院(2010)

永井理恵子, 『近代日本キリスト教主義幼稚園の保育と園舎』, 学文社(2011)

『全国童話人協会60年誌』, 全国童話人協会(2012)

구루시마 타케히코 기념관

홈페이지 바로가기